今日は晴天、今日は雨

おさしづ百の教話集

安井幹夫

天理教道友社

今日は晴天、今日は雨——目次

日々・旬

目次

日々・旬

❶ 自由は日々にある

自由《じうよう》は日々《にち〳〵》にある。何故《なぜ》と言《い》う。日々《にち〳〵》に皆心《みなこころ》の理《り》にある。雨止《あめと》めるやない。雨《あめ》あたゑと言《い》う。

（明治26年8月4日）

親神様の絶え間ないおはたらきがあるなればこそ、私たちは、こうして日々を元気に過ごさせていただいている。

そうした中でも、特別な自由《じゅうよう》なるおはたらきを頂戴《ちょうだい》したいと願うことがある。「苦しいときの神頼み」という言葉に示されるように、人事を尽くしても問題がどうにもならないときに、神の格別な自由のおはたらきを願うのである。

けれども親神様は、自由のはたらきというものは、実は日々の心の理にこそある、

日々の理を疎かにしてはならない

といわれる。つまり日々は、それぞれの心がはたらいている、まさにその当の場だからである。

話は少し難しい言い回しになったが、簡単に言えば、日々の心のはたらきが大事だということである。どんなに難しい、困難な問題であっても、いや、そうであればあるほど、そのときの心はもちろんであるが、それまでの日々の心の理の中に、ご守護を頂く元があるということである。

このお言葉は、日照りが続いて雨乞《あまご》いを願われたときのものである。親神様は雨を止めているのではなく、雨の与えを頂く理が欠けているのだ、と仰せられている。いかに日々が大切か。長生きをするといっても、それは一遍《ぺん》に齢《とし》をとるわけでなく、年々、月々、日々の積み重ねがあるから、高齢をむかえるのである。しかも、日々をどう生きたかによって、成ってくる姿は異なる。信仰もまさしくそうであって、それは今生だけでなく、来生の生きざまにも繋《つな》がっていくことになる。その意味で、日々の理というものを疎《おろそ》かにしてはならない。

教会への日参をお勧めする所以《ゆえん》でもある。

❷ 心だけは日々に受け取りてある

これから先思《さきおも》う事直《ことす》ぐに出《で》る、直《す》ぐに見《み》える。一名一人《めいにん》の心《こころ》だけは日々《にちく》に受《う》け取《と》りてある。よう聞《き》き分《わ》けて互《たが》い〳〵の暮《く》らし合《あ》い〳〵、互《たが》い〳〵知《し》らし合《あ》いすれば、たゞ一《ひと》つの諭《さとし》、一《ひと》つの心《こころ》で日々《にちく》遊山《ゆさん》な心《こころ》で通《とお》れる。

（明治26年5月18日）

お道を通らせていただいているお互いとして、一番に心しなければならないことは、やはり日々の心のあり方である。形は同じように見えたとしても、その心のあり方が違っていては、成ってくる姿が違うのである。

もちろん、形も大事なことに違いはない。私たちは、いくら心をつくれと仰せい

まずは形からつとめて心をつくる

ただいても、どうしたら心がつくれるのか、大いに悩むところである。したがって、そうしたときには、まず形からつとめることが大切となる。

いわば、形を通して心を学び、その心を通して、さらなる形の充実をめざし、そこからまた一段と深い心にならせていただくのである。そうした繰り返しの中で、心のあり方を親神様に受け取っていただくのである。

そこに、思うことがすぐに見えてくるようになる、とまで仰せくだされる。もちろん、心が違えば、わが思い通りの、都合のよいことだけが見えてくることにはならない。まさに、形ではなく、心通りの守護である。

暮らしの中で一つの心があれば、遊山《ゆさん》な心で通れる、と教えられる。陽気に明るく暮らしたいというのは、みんなの願いである。それにはまず、陽気ぐらしをさせてやりたいと思召《おぼしめ》しくださる親神様の心に、自らを合わせていくということがなければならない。合わせるということは、元初まりにおいてと同様に、親神様に食べて味わっていただくことである。そこに、いったん無となった自らが、新たに生かされる道がひらけてくる。そうした日々の心が大切である。

❸ 心永く持って、先長く楽しみ

これまで長《なが》らえて事情《じじょう》、又一《またひと》つめん〳〵思《おも》わく一《ひと》つ理更《りさら》に立《た》てた処《ところ》が、成《な》るものやない。よう聞《き》き分《わ》け。先々《さき》〳〵永《なが》く心持《こころも》って、何《なに》も聞《き》き分《わ》け。治《おさ》めにゃならん〳〵〳〵。一時楽《じたの》しんで了《しも》た分《ぶ》にはならん〳〵。……心永《こころなが》く持《も》って、先長《さきなが》く楽《たの》しみ。これ一《ひと》つ早《はや》く治《おさ》めてくれるよう。

（明治27年1月17日）

人間というものは、毎日を振り返ってみると、朝、目を覚まして食事。会社、学校、仕事に出かける。あるいは家事など。帰ってきて就寝。いうならば、そう大きな変化があるわけではない。同じことの繰り返しが日々なのである。大きな変化が連続したならば、とてもやっていけるものではない。今日《きょう》は子供が

変化のない繰り返しの道中こそが

身上や、お父さんの交通事故だ。明日《あす》は葬式だ、結婚式だ、離婚だと、いろんなことが立て続けに起こってくる毎日だとしたら、どうであろう。変化がないのが、ある意味ではありがたいのである。

ところが、そうした生活が続くと変化を求めるのが、これまた人の常でもある。ほかに何かいいことがないかしら、と思ってしまうのである。

教会でつとめる、あるいは信仰している道中においても、そんなことを思ったりしやすい。こんなことをしていて、何になるのかと思ってしまう。あれこれと思惑《おもわく》をしてみたところで、それは成る話ではない。何ごとも親神様の思惑を忘れては、成ることも成らなくなってしまう。

一時の楽しみに心を奪われては、どうにもならない。親神様の思惑のままに、こんなこと何になるのか、というような道中こそが大切なのである。

親神様の思惑は、今日や明日のことだけをいわれるのではない。将来を見通して、今日どうあるべきかを教えてくださされている。だから、「心永く持って、先長く楽しみ」といわれるのである。コツコツと先を楽しんで歩ませていただこう。

❹ 修理肥

修理肥《しゅうりごえ》は何処《どこ》までもせにゃならん。蒔《ま》き流《なが》しでは、何《なに》も取《と》れるものやない。

（明治35年7月13日）

「修理肥」とは、もともと、お百姓さんが使われていた言葉である。作物を育てるうえで、ただ種さえ蒔《ま》いておけばよい、というわけではない。そこには修理肥が必要とされる。

作物の収穫に至るまでには、水やりから草取り、追い肥など、いろいろな手間を必要とする。それをおざなりにしておくと、作物はたいして成長もせず、いびつなものができたりする。また、虫に喰《く》われたり、枯れたりすることになってしまう。「田畑の肥は、その田畑に足を運ぶこと」といわれるのは、こうしたことを物語る。

日々心を掛けていくところに育つ

いうならば、どれだけ田や畑に足を運んだかによって、作物のなり具合が違ってくる、ということである。

人を育てるのも同じことである。日々に心を掛けていくところに育つ。これは、すでによく知られた話であるが、同じ環境のもとで、同じ肥料、水を与えるとして、片方には悪口を言ったり、無視したりした作物と、もう一方は褒《ほ》め言葉を掛けて、早く大きくなれよと言って育てた作物を比較してみると、ずいぶんと違いが出てくるといわれる。後者のほうが、形も味もよく育つのである。

もちろん人の場合、ただ褒め続ければよいというわけにはいかず、時として厳しいことも言わなくてはならない。けれども大事なことは、どこまでも愛情をもって褒め、叱《しか》るということでなければならない。その、褒め、叱るタイミングは、日々に心を掛けるところに見えてくるのである。

それは「日々」ということの大切さを教えてくれるものであろう。

日々とは、簡単なようで難しい。日々に教会へ足を運ぶことの大切さは、ここにある。それが私たちの信仰の修理肥になる。

❺ 日々晴天唱えてくれ

心《こころ》の養《やしな》い〳〵、何以《なにもつ》てどうせにゃならん、こうせにゃならんと言《い》うやない。たゞ心《こころ》に曇《くも》り掛《か》からんよう、日々《にち〳〵》晴天《せいてん》唱《とな》えてくれ。

（明治26年11月26日）

ごはんを食べたり、おやつを頂いたりすることを、身の養い、口の養いという。また、「虫養いに、どうぞ」といって軽い食べものを出したりすることがある。これなどは非常におもしろい表現である。つまり、お腹《なか》がすいていることを「お腹の虫が鳴いている」などという。なるほど、お腹がすくと、クゥウという音がする。そうした経験をもっておられる方も多いだろう。

そのお腹の虫がクゥウと鳴かないように、とりあえず何かを口に入れることになる。それを虫養いというのである。それが転じて、食欲などの欲求を一時的に満た

心を掃除し、澄ます努力を忘れずに

すことを意味するようになった。

心の養いとは、そうした表現に類するものである。それは「どうせにゃならん、こうせにゃならん」というのではなく、「心に曇《くも》り掛からんよう、日々晴天」の心で通ることが、心の養い、つまり栄養になる、といわれる。

「人間に陽気遊山《ゆさん》を仕込んでみようとて、こしらえた世界なれば、皆の者が陽気の心になり、心勇むれば、如何《いか》なる難も皆遁《のが》る、」とは、昔の教理文書に書かれた一節である。何よりも陽気な心で過ごすことが大切である、といわれる。が、それに続いて「不時災難も銘々の心が顕《あら》われ、難儀するのも心から」で、「心入れ替えて澄ますこと」を強調される。

しかし、このことが難しい。朝《あした》の心は決して夕《ゆうべ》の心ではない。いま晴れていると思えば、すぐに曇ったりする。心は「コロコロと動くから心というのや」ともいわれるが、これが現実である。自らが自らの心を晴天にすることは至難の業である。てをどりを踊る、ひのきしんや教理の勉強に励むところ、いつしか心が晴れてくる。

お互いに、心を掃除し、澄ます努力を忘れずに通ろう。

❻ 日々剛気の心を以て治め

どんな事来《ことき》ても元一《もとひと》つの理《り》によりて治《おさ》める。日々《にちにち》剛気《ごうき》の心《こころ》を以《もっ》て治《おさ》め。うたていなあという心《こころ》を持《も》たず治《おさ》めてくれるよう。

（明治26年7月26日）

剛気の心とは、どんな心であるのか、だいたいの想像はつくが、念のため「剛気」を辞書で引いてみた。次のように記されている。

「気が強く何物にも屈しないこと。また、そのさま」（三省堂『大辞林』）

この意味だけだとするならば、おさしづのお言葉としては、何かもう一つ、ぴったりとこない気がする。別の辞書を引いてみると、

「剛勇な気性。強くて屈しない意気」（岩波書店『広辞苑』）

とある。こちらのほうが幾分か、お言葉の気分に近いものを感じる。辞書によって、

どんなことも大きな心で受けとめる

言葉の意味の雰囲気が異なるということに気がついた。

おふでさきでは、

せかいぢうこのしんぢつをしりたなら
ごふきごふよくだすものわない
（六号 121）

とうたわれる。ここでは「ごふき（剛気）」という言葉は、「ごふよく（強欲）」と並列して使われている。あまり良い意味ではなさそうだ。

もう一つ。「うたてい」とは、大和《やまと》の方言である。うるさい、という意。あるいは、うっとうしい、もうかなわんなあ、という気分をいうのか。

ここでは、どんな事情を持ち込むやら、何が始まるかも分からんけれど、人間的に見れば、いろいろなことが現れてくるが、それを「うたてい」と思わず、大きな心で受けとめて治めてくれ、という意味であろう。それには「元一つの理」、つまり、何ごとも神が人間をはじめかけ、そして守護しているということに思案を寄せ、治めていくことが肝心であると指示されたのである。そのことが分かれば、「うたてい」ことはなく、剛気な心になることができる。

❼ 日々皆礼言わにゃならん

互《たが》い〱礼《れい》言《い》うように成《な》りてみよ。不足《ふそく》ある。丹精《たんせい》する。不足《ふそく》ありて丹精《たんせい》と言《い》えるか。日々《にち〱》丹精《たんせい》という理《り》に成《な》りてくれ。日々《にち〱》皆《みな》礼《れ》言《い》わにゃならん。

（明治32年10月1日）

最近の世相を見るとき、お礼を言う、感謝の気持ちをもつ、ということが少なくなってきているのではないだろうか。

こうして毎日を生きている、否《いな》、生かされていることを忘れ、自分ひとりの力で何もかもがあるような言動が多い。したがって、物に感謝し、人に感謝することを知らない。

聞くところによると、小学校で食事の前に「いただきます」を言わないようにな

感謝とお礼が交わされる家庭に

ってきているらしい。給食費を払っているのだから、自分のものに「いただきます」を言うのはおかしいと、父兄から言われたからであるそうな。言う人もさることながら、それに対してきちんと対応し、説得できない教師が情けない。

こうした社会では、自己を主張することに汲々《きゅうきゅう》として、自分にとって不都合なことは、みな人のせいにしてしまうのである。自分の力で生きているのなら、不都合なこともみな自分のせいであることに気がつくべきであろう。

あなたのおかげ、みんなのおかげと、お礼を言う心が、いまの社会に一番必要なことではないだろうか。家庭にあっても、主人のおかげ、いや妻のおかげ、子供のおかげ、親のおかげと、感謝して通るならば、家庭の崩壊はない。してもらって当たり前、してもらわなければ不足し、文句を言うのが当たり前では、どうにもならない。そんな家庭は、いずれ壊れてしまう。

感謝とお礼が交《か》わされている家庭には、不登校も家庭内暴力も起こらないであろう。家庭は小さな社会。家庭の治まりが社会、ひいては世界の治まりとなる。お互いにお礼を言う心で、明るく日々を通らせていただこう。

❽ 日々身上壮健なら

さあ〳〵心《こころ》に掛《か》かりてはならん。心《こころ》に掛《か》かりて、心《こころ》に楽《たの》しみあらせん。何程《なにほど》物《もの》沢山《たくさん》あったて、心《こころ》に掛《か》かりて楽《たの》しみあらせん。浮《う》かむ日《ひ》無《な》い〳〵。何程《なにほど》沢山《たくさん》あったて、楽《たの》しみ無《な》い。日々《にち〳〵》身上《みじょう》壮健《そうけん》なら、何不自由《なにふじゆう》でも不足《ふそく》は無《な》い。

（明治34年7月15日）

日々の暮らしの中で、何か心に掛かることがあれば、どんなに面白《おもしろ》おかしいことがあっても、心の底から楽しめるものではない。

そうした経験は誰《だれ》しも持っているであろう。たとえば、家族の誰かが病気になると、家の中は暗く沈んでしまう。子供が大きな病気にでもなれば、たいへんだ。会社にいても気になるだろうし、いつもの付き合いも断《ことわ》って、早々と家路につくこと

健康で元気に暮らせるありがたさ

になる。また、受験生をかかえる家庭も、何かと気苦労が多い。家族で旅行を、と思っても、子供が受験だから控《ひか》えておこう、ということになりやすい。

いかにお金や物があっても、そうした気分はほぐれない。つまり、お金や物で解決することはできないのである。このような場合、健康で元気に暮らしをさせていただいていることが、どれほどありがたいことか、ということに思いを寄せることが大事である。そこに不足の心は霧消してしまうであろう。親神様は、「日々身上壮健なら、何不自由でも不足は無い」と仰せになる。

ものごとは、そうそう思うようになるものではない。それを不足するよりも、物がなくても健康であることを喜び、感謝することである。もし、思うことが思うようになったとしたら、一時は面白いかもしれないが、いずれそのことにも飽きて、喜びが感じられなくなるだろう。

要《よう》は、「成っても成らいでも」の心をもつとともに、ものごとに全力を尽くす。あとは親神様のご守護を待つことである。その中に成ってきたことを、そのまま受け入れる。これが大切である。これが、ほんとうの喜びである。

❾ 今日は晴天、今日は雨

元初《もとはじ》まりの理《り》を聞《き》き分《わ》け。理《り》を見《み》よ。人間心《にんげんごころ》で始《はじ》めたのではない。拵《こしら》えたのやない。誰《だれ》に談《だん》じてしたやない。今日《きょう》は晴天《せいてん》、今日《きょう》は雨《あめ》かと、この理《り》を分《わ》かれば、理《り》は鮮《あざ》やか分《わ》かる。

（明治22年3月10日）

人間というものは、生まれてこのかた、どんな中も通ってきている。母親の胎内《たいない》にいるときでさえ、それなりに道を通ってきている。赤ちゃん自身は、ものを言わないから、何も思っていないように見えるが、そうではない。

また、大人になればなおのこと、どんな道も通ってきている。苦しいときや悲しいとき、また、つらいときもあった。でも、楽しいときもあったに違いない。こんなことも、あんなことも、みんな親神様の世界であることを心に治めていくことが

どんな日もご守護と思い、喜んで通る

肝心である。

この天理教という教えは、人間の悟りや考えから生まれてきたのではない。もともとの人間、世界のはじまりということを考えてみれば分かることである。

原初、この世は混沌《こんとん》としたどろ海であったと聞かせていただく。そんなところから、親神様は人間を拵《こしら》えて、その人間が陽気に明るく勇んで暮らすのを見て、ともに楽しもうとの思召《おぼしめし》から、ない人間ない世界をはじめかけてくだされたのである。

その創造のおはたらきと守護は、私たちの想像をはるかに超えたものがある。三度の宿し込みから八千八度《やたび》の生まれかわり。そして、人間の成人とともに、海山《うみやま》、天地、日月《じつげつ》が明らかとなり、九億九万年の水中の住まいを経て、知恵の仕込み六千年、さらに三千九百九十九年の文字の仕込みを頂戴《ちょうだい》して、今日の人間がある。

しかも、いまもなお守護してくださっているのである。だから、今日は晴天、今日は雨かと、どんな日も親神様のご守護として、日々を喜んで通らせていただくことが、何よりも大切なことである。親神様が人間に陽気ぐらしをさせたいとのうえから、どんなことも見せてくださるのである。ありがたいことである。

⑩ 夕景一つの礼を言う

心《こころ》では十分《ぶん》たんのうの理《り》は治《おさ》めて居《い》る。尽《つく》す一《ひと》つ、運《はこ》ぶ一《ひと》つの事情《じじょう》に、理《り》が治《おさ》まらにゃならん。十分《ぶん》たんのうして、夕景《ゆうけい》一《ひと》つの礼《れい》を言《い》う。

（明治25年7月27日）

日々を暮らす中に、時として山があり、谷もある。また、事情に見舞われて、心いずませて、どうにもならないこともあろう。

そうであっても、心を取り直し、ものごとに取り組んでいくのである。その場合、大事なことは、この道の話を聞かせていただいている者として、たんのうの心を治めて通ることである。

たんのうとは、十分満足する、の意である。満足とは、ふつうには、ものごとが

一日を終え「ご守護あればこそ」と

自分の思うように成ってきたことに対する気持ちである。ところが、この道では、つらい苦しいときにも「たんのう」しなさいといわれる。けれども、それを喜ぶことなど難しい。そこに、我慢《がまん》する、というような意味で捉《とら》えられることも多い。

しかし、そのような意味に捉えては、このお言葉は違ったものになる。やはり、たんのうは満足する心持ちなのである。しかも、日々に尽くし運ぶことの中にも、理（この世と身体《からだ》は親神様のご守護の世界である）が心に治まっていることが大切であるといわれる。このことを案外忘れがちである。

いくら心を尽くしても、運んでも、理が治まっていないと、ややもすれば、これだけこうしているのに、ああもしているのにと、やるせない心が残るかもしれない。それでは、せっかくのつくし・はこびも、泡《あわ》と消えてしまうことになりかねない。そこに、真にたんのうするか、我慢に終わってしまうかの差が出てくる。

一日を終えて、ああ、今日《きょう》も結構に暮らさせていただいた、月日・親神様のご守護あればこそと、夕景にお礼を申し上げるところから、真のたんのうができていくのであろう。

⑪ 小さい〳〵処から始め掛け

何《なん》にも無《な》き紋型《もんかた》無《な》き処《ところ》から、これまでの道《みち》成《な》り立《た》ち来《き》た。よう〳〵聞《き》き分《わ》け〳〵。初《はじ》めは小《ちい》さい〳〵処《ところ》から始《はじ》め掛《か》け。心変《こころか》わらんが一《ひと》つの理《り》である。……初《はじ》めは小《ちい》さき処《ところ》から〳〵始《はじ》めば、どうでもこうでも、こうしようやないか〳〵と言《い》うて、独《ひと》り出《で》けて来《く》るのは誠《まこと》やで。だん〳〵に出《で》けて来《く》るのは誠《まこと》やで。これが天理《てんり》と言《い》うのやで。

（明治22年2月15日）

ものごとが成ってくる姿、あるいは、その進め方というものを考えてみるとき、このお言葉が指示するところは重要である。

まず、この道というものが、紋型《もんかた》ないところからはじまったことに思いを寄せ、

だんだんにできてくる姿が天理

最初から大きいことをするのでなく、「小さい〳〵処《ところ》から始め掛け」といわれる。すなわち、小さいところから始めれば、「こうしようやないか〳〵と言うて、独り出けて来る」のである、と。しかも「心変わらんが一つの理である」と仰せになって、それを積み重ねていくこと、長く続けることが第一である、といわれている。

皆の気持ちが合わないというのは、そこに無理があるからだと仰せになる。いいかえれば、最初から大きなことをしようとするから、無理をいうことになる。これでは皆の心は、なかなか一つになれない。それは形にこだわるあまり、成ってくる形を求め、大きさとか、立派かどうかということが、成人の到達的目標であるかのような錯覚に陥《おちい》ってしまうからである。やはり、一人ひとりの心のねりあいを疎《おろそ》かにしてはならない。そこが、ものごとを進めていく原点である。

私たちは、ややもすると結果を焦《あせ》り、何か大きいことがご守護だと思いがちになるが、そうではない。日々という理が大切である。その積み重ねが、大きなことに成っていくのである。それは、だんだんにできてくる姿であり、「これが天理と言うのやで」といわれる。

⑫ 成ると成らんと理聞き分け

長《なが》い一《ひと》つ遥《はる》か順序《じゅんじょ》持《も》ってくれ。一時仕切《じしき》りてこうと言《い》えば、心《こころ》病《や》まんならん。これからというさしづから理《り》に基《もと》づき、楽《たの》しんで運《はこ》ぶ心持《こころも》てば、何《なに》がどう彼《か》がどうと言《い》う事《こと》は無《な》い。これからという心治《こころおさ》まれば、成《な》ると成《な》らんと理聞《りき》き分《わ》け。心理《こころり》を病《や》まんよう。成《な》らんにゃ成《な》らん、成《な》れば成《な》る。心皆治《こころみなおさ》まる道《みち》という。

（明治32年2月27日）

ものごとが成ってくる、あるいは思うように成ってこない。こうしたことは、私たちの日常生活の中で、いくらでもある。

思うように成ってこないことが続くと、いったいどうなっているのかと、社会に

一切はご守護の世界と思い致して

不満をぶつけたり、あげくに、あいつがこうだから成ってこないのだと、人のせいにしてしまうことが往々にしてあるのではないだろうか。

まして、それが自分の人生にとって重大なかかわりがあり、思うように成らないことが幾度か続けば、人によっては、どうにもならなくなって、生きることに意味を見いだせず、あげくにノイローゼになったりすることもある。そうしたことを、親神様は「一時仕切りてこうと言えば、心病まんならん」と仰せになっている。

こうしたとき、大事なことは「先々長い」と、「長い一つ遥《はる》か順序」をもつことである。つまり、いまだけのことにとらわれるのでなく、これからなんだ、という気持ちで進むことである。といって、ただ漠然と、これからだと思っていたところで、先の展望は開けない。

そこに、親神様の話を聞かせていただき、「成ると成らんと理聞き分け」て、「楽しんで運ぶ心」をもつことである、といわれる。「成らんにゃ成らん、成れば成る」の心、すなわち、一切は親神様のご守護の世界であることに思いを致して、日々を明るく通らせていただくことである。

⑬ 心先々深く長く楽しみ

何《なに》程《ほど》暇《ひま》要《い》りたとて年限《ねんげん》の理《り》、心先《こころさき》々《〳〵》深《ふか》く長《なが》く楽《たの》しみ。急《せ》く事《こと》要《い》らん。一名《めい》一人《にん》の心成《こころなる》程《ほど》、返《かえ》し〳〵諭《さと》し、善《よ》き一《ひと》つの世界《せかい》、又《また》々《〳〵》世界《せかい》月《つき》々《〳〵》年限《ねんげん》、出《だ》すもの出《だ》すがよい。

（明治24年6月15日）

ものごとを進めていくうえでの心得を仰せになったお言葉である。

自分は間違いのない正しいことをやろうとしている、と思うときほど、思うように成らないと焦《あせ》る気持ちが出てくる。短時日《たんじじつ》での結果を求めようとする気持ちが強くなる。また、反対の声があがろうものなら、周りの人たちに対して、何を考えてるのや、とばかりに、不足の心が出てきたりする。

けれども、大事なことは、どれだけ時間がかかっても、それをやり遂《と》げていこう

お互い繰り返し諭し合って通る

とする心をもち続けることである。それには年限ということが、たいへん重要である、といわれる。年限をかけて、じっくりと進めていくことである。

樹木がどっしりと根づいた大木になるには、数十年、いや百年単位で見なければならない。そこまではともかくとしても、立教の元一日を思い起こすとき、親神様は「二十年三十年経《た》ったなれば、皆の者成程《なるほど》と思う日が来る程に」と仰せになっているいることからすると、ものごとが成ってくるには、二十年から三十年の年限を見ることが必要であろう。そして、その道中の先々において、深く、長く、楽しみの心をもって焦らないことである。

その間、それぞれが、なるほどそうなのかと思ってもらえるように、また誠の心をもって、なるほどの人になっていくことである。そのためには、お互いに繰り返し、諭し合って通ることである。そこに善《よ》き世界が生まれてくる。

人々は、どうかすると結果ばかりを求める。あるいは、反対する力に対して、極端なまでに不安を抱くことも多い。そうしたときほど、親神様にしっかりと凭《もた》れて、長く楽しみの心をもって通る気持ちを忘れてはならない。

⑭ 心だけ繋ぐなら、頼もしい

兄《あに》は兄《あに》、弟《おとうと》は弟《おとうと》、互《たが》い治《おさ》まるなら、どんな理《り》も治《おさ》まる。兄《あに》であって身《み》下《した》の理《り》聞《き》かんならん。俺《おれ》は兄《あに》や。兄《あに》なら泣《な》く〳〵の理《り》治《おさ》めにゃならん、運《はこ》ばにゃならん。……上《うえ》やさかいに、下《した》やさかいにと言《い》うても、一《ひと》つの理《り》強《つよ》きは随《ずい》分《ぶん》通《とお》れる。なれど心《こころ》だけ繋《つな》ぐなら、頼《たの》もしいという。

（明治24年12月25日）

家庭には親子、夫婦、兄弟という関係の人間模様がある。その模様は、人それぞれに織りなされる。一軒の家に住んでいても、それぞれの心はみな違う、というお言葉もある。家庭にあっては、お互いの心が治まっていることと、心の繋《つな》ぎが大切

家庭の治まりが子供を育てる力に

である。子供たちがみんな元気で健《すこ》やかに育つには、何よりも家庭がしっかり治まっていなければならない。

こんな当たり前のことが、最近ではなかなか通用しない、という場面に当たることがある。それぞれが自己を主張し、同じ屋根の下に住みながら、家族としてバラバラな家があると感じるのは、私一人ではあるまい。まるで下宿人同士の集まりであるかのような観も、なきにしもあらずである。

変な平等主義がはびこって、訳の分からないことが多い。やはり、兄は兄として、時に弟の言い分を聞いて、泣きたいようなときでも心を治めることが肝心である。そこにお互いの心の繋がりがあり、頼もしいという姿が現れてくる。

これが家庭の治まりである。家庭に、子供を育てる、一人前にしていくという力がなくなるとき、子供は糸の切れた凧《たこ》のように、ものごとの判断の基準さえ分からなくなってしまう。基準、規範の喪失である。

いま一度、何が大切であるか、振り返ってみよう。すべては、心を繋ぐことの大切さに気づくところから始まるのである。

⑮ 満足は心の理

満足《まんぞく》は心《こころ》の理《り》、優《やさ》しき者《もの》は日々《にち〳〵》満足《まんぞく》。満足《まんぞく》は小《ちい》さいものでも、世上《せじょう》大《おお》き理《り》に成《な》る。これより大《おお》き理《り》は無《な》い。満足《まんぞく》広《ひろ》く通《とお》り、不《ふ》足《そく》はあちら縮《ちぢ》める、こちら狭《せ》ばむ。時《とき》によれば取《と》れて退《の》く。満《まん》足《ぞく》というものは、あちらでも喜《よろこ》ぶ、こちらでも喜《よろこ》ぶ。喜《よろこ》ぶ理《り》は天《てん》の理《り》に適《かな》う。適《かな》うから盛《さか》ん。

（明治33年7月14日）

満足とは、その字が示すように、満ち足りることである。人間、求めることが満ち足りると、それ以上の進歩がない、ともいわれる。なるほど、そうには違いない。問題は、自らの思いにこだわり、それを他者に求めすぎる場合にある。求めすぎるところ、他者への不足が出てくる。満足できなくなる。

人に満足を与え、自らの満足とする

こうした場合、親神様は、ともかく満足してやれ、とおっしゃる。まず、どんなことも満足していくことである。自らの満足をもって、人に満足の心を与える。すなわち、「満足というものは、あちらでも喜ぶ、こちらでも喜ぶ。喜ぶ理は天の理に適《かな》う。適うから盛ん」といわれるのである。

料理を出される。おいしい、おいしいと言って、満足の言葉を発する。もてなした人は、その言葉にまた満足する。満足の道が広がっていく。それは、喜びの輪が広がることでもある。こうした姿は、おやさまのお心に適うことになる。だから、その輪はますます大きくなっていく。

さらには、人に満足を与え、しかも、それを自らの満足とすることである。人の喜びをわが喜びとする。これが親の理であろう。不足の心から生まれるのは争いである。ものごとを潰《つぶ》すことにもなる。

どんなときも満足という心をもって、事に当たることである。満足は人を生かす。そこに、親神様は勇まれる。陽気で豊かなご守護が、そこかしこに溢《あふ》れてくる。それは争いと無縁な、戦争とはほど遠い対極にある世界である。

⑯ 旬々の理を聞いてくれ

一あっての二、何《なに》程《ほど》賢《かしこ》うても、晴天《せいてん》の中《なか》でも、日々《にちにち》の雨《あめ》もあれば、旬々《しゅんしゅん》の理《り》を聞《き》いてくれ。聞《き》き分《わ》けねば一時《じ》道《みち》とは言《い》わん。

（明治26年12月16日）

一があって二がある。二があって一があるのではない。それはいくら賢い、頭が良いといわれる人でも、その順序をくつがえすことはできない。つまり、人間の知恵や考えだけでは、どうにもならないものがあるということである。

晴天や雨の守護、暖かい寒いということは、人知の支配が及ぶところではない。それに合わせるだけである。また、旬のはたらきもそうであろう。

物ができるには、それぞれ旬がある。お米には、お米ができる気候が必要である。野菜も同じである。

いまの旬に思い致し、順序を心に刻む

もし、旬をはずして物をつくろうとすると、そこにはたいへんな労力と費用が必要になる。ハウス栽培のことを考えれば、よく分かるであろう。

私たちの暮らし、営みを考えても、それは同じである。そこには旬というものがあり、ものごとには、順序というものがある。その旬、順序というものを考えなければならない。

天理教では、この道は天然自然の道である、とお聞かせいただくように、この旬、順序というものを、たいへん重要な角目《かどめ》としている。

すなわち、旬にふさわしいように処すれば、事はスムーズに運ぶし、順調なありがたい姿をお見せいただくのである。

その場合、親神様が、ない人間ない世界をはじめかけられ、いまもご守護くだされていればこその人間であり、この世界であることを、ほんとうに心に治めて、ものごとを考えていくことが、順序の根本となる。

いまの旬に思いを致し、親神様によって生かされているという、この順序を心に刻み込んで、勇んで歩んでいくことを願うのである。

⑰ 旬来れば花が咲く

治《おさ》まり難《に》くい理《り》も、日柄《ひがら》々々《〱》心得《こころえ》のためまで諭《さと》し置《お》く。身《み》上《じょう》第《だい》一案《あん》じる事《こと》は要《い》らん。案《あん》じる理《り》は案《あん》じの理《り》を拵《こしら》え、案《あん》じるように理《り》を拵《こしら》え、気《き》がいずむ。一《ひと》つ大《おお》き理《り》を定《さだ》め。旬来《しゅんく》れば花《はな》が咲《さ》く。

（明治25年5月1日）

ものごとが順調に進んでいるとき、おそらくありがたいばかりで、特別にああだ、こうだと考えたりすることは少ない。けれども、病気になったり逆境になったとき、いろいろと考える。このまま会社を休んでいると、代わりの人が自分の仕事をきちんと消化しているとすれば、復帰しても、もう居場所はないのではないか。どうな

人間・世界の根源への眼差しを

るのか。残された家族はどうするだろう、等々。あらぬ妄想《もうそう》におそわれたりする。

うっかりしていると、こうした悲観的な考えに、支配されることにもなりかねない。つまり、案じる心である。ところが、それは、案じたようになる元を拵《こしら》えるようなものだ、といわれる。そして、心がいずんでいるのであると。

いろいろと理の思案をすることは、非常に大事である。それがなければ親神様の思いに近づけない。が、それにとらわれるあまり、心をいずませ、前に進む一歩が踏み出せないとすれば、どうにもならない。

この状況を越えていくには、まず大きい理を定めることである。大きい理とは、姿形の大きさを指すとも考えられるが、それだけにとどまらない。それらを支え、包み込む、より大きな理は、より根源へと近づいていくあり方にこそある。

いうならば、人間の元、世界の元からの思案が大切なのである。ややもすると、目先のことだけの思案に埋没してしまって、大きな親神様のご守護の世界に生かされ、生きていることを忘れがちになる。そうしたことを「旬来れば花が咲く」という言葉で、人間・世界の根源への眼差《まなざ》しを促されるのである。

⑱ 旬が来にゃ咲きはせん

花《はな》の咲《さ》く旬《しゅん》、何《なん》ぼどうしたて、旬《しゅん》が来《こ》にゃ咲《さ》きはせん。風《かぜ》が吹《ふ》く、雨《あめ》と天気《てんき》と待《ま》つけれど、大風《おおかぜ》だけはどんな者《もの》でも風《かぜ》は待《ま》たん。危《あぶ》なき道《みち》があるからちゃんと聞《き》かしてある。

（明治24年5月15日）

ものごとが成ってくると、やれやれこれで安心だ、春が来たと思うのは人の常である。しかし、それがまたいつまでも続くものでないことも事実である。必ずしも春のような季節ばかりではない。春だと思っていても、風が吹くときも雨が降ることもある。人は、晴天が続けば雨が欲しいな、雨が続けば天気を、と心待ちにすることもあるが、大風だけは誰《だれ》も期待する者はない。それは何もかも、めちゃくちゃ

真にたすかる身の処し方を教えられている

にしてしまうからである。それを放っておけば危なき道になる。だから、それに対してどうすればいいか、ということはすでに聞かしてある、といわれる。

これは、お道が破竹の勢いで伸び、教祖《おやさま》五年祭も盛大のうちに終わったという当時の状況の中で、お道に反対攻撃をしてくる社会の動きがあり、それに心を動かされる人たちがいることに注意を促されたものである。

大風が吹いているのに、いつまでも春のように思って薄着でいては、風邪を引いたり、時には、重い病になったりすることにたとえられよう。まわりの様子、成ってくる姿を見つめ、それに相応《ふさわ》しい心のありようをもつことが大切である。

お道の信仰の値打ちは、真にたすかる身の処し方を教えてくださっている、ということである、人間的力を過信して、わしが、俺《おれ》がと言うたところで、旬が来なければ花は咲かないのである。真冬にTシャツ一枚で過ごす愚を犯すことのないように、すべては親神様のおはたらきのうちであるという、謙虚な気持ちをもつこと。

ただ、おやさまの指し示してくださる道を真っ直ぐに歩むことである。そこに危ない道を避けることができ、やがて「春は春」という旬がめぐってくる。

⑲ 旬々の理を見て蒔けば

旬〱《しゅん〱》の理《り》を見《み》て蒔《ま》けば皆実《みなみ》がのる。旬《しゅん》を過《す》ぎて蒔《ま》けばあちらへ流《なが》れ、遅《おく》れてどんならん〱、とんとどんならん。

（明治22年7月31日）

残暑厳しく真夏のような日差しが照りつけている。そんな中、ただいま野菜の植え付けに忙しい。夏野菜の植え付けは、少々時期が遅れても実がみのる。けれども、冬野菜の植え付け時期は、極めて短い。気がつけばもう遅い、ということになる。とくにキャベツ、白菜、丸大根など、その短い旬を逃《のが》すと、植え付けてもほとんど充実した収穫は期待できない。一週間ほどの遅れが、三カ月以上の遅れとなる場合もある。いかに旬が大事であるか。

旬を得れば、はたらきは目に見えて明らか

しかも、こうした世話取りを通して、なお実感することは、親神様のおはたらきである。考えてみれば、種を蒔《ま》き水をやる、肥料を与え雑草を抜く。いろいろな作業があるが、野菜が芽を出し育つという、そのこと自体に関しては、粘土をこねるようにはいかない。折々、旬々の親神様のおはたらきを頂く以外になす術《すべ》はない。「ちやつんであとかりとりてしもたなら　あといでるのハよふきづとめや」(二号 3)と、おふでさきに記される。茶を摘んで刈り取るのは、人間の仕事である。そして、しばらくすると、刈り取った後に新芽が出てくる。これは、親神様のおはたらきである。いかにも人間がつくったように思っていても、このおはたらきを頂戴《ちょうだい》しなければ何もできるものではない。

こうしたことに限らず、親神様はいつも人間の身体《からだ》、世界一切を支え、守護してくださっているが、そのおはたらきは、人間の目には直接見えない。それがふつうである。しかし、旬を得れば、親神様のおはたらきは目に見えて明らかになる。教祖《おやさま》年祭はたすかる旬である、といわれるのは、このことのゆえである。成ってきた姿に、親神様のおはたらきと思召《おぼしめし》を悟り取ることが肝心である。

⑳ 旬という道という理がありて

空《そら》を思《おも》わん者《もの》は無《な》い。空《そら》ばかり見《み》ては踏《ふ》み損《そこな》う。旬《しゅん》という道《みち》という理《り》がありて、空《そら》という。

（明治32年2月2日）

朝、目覚める。外を眺《なが》めてお天気を見る。今日《きょう》は快晴だなと思うと、なんだかうきうきとしてくる。雨は雨で、これで作物が十分に潤《うるお》うなと思えば、これまた嬉《うれ》しい気持ちになる。日中であれば、青空に新鮮な感動を覚えたりする。

一方、月のはたらきを見る人は少ない。けれども、満月の日にとったカニには身があまり入っていない。また、山仕事における木の切り出しも、「闇《やみ》切り」といって、旧暦の一日、新月の日に切り出すと、その木は強く、加えてカビがはえないといわれる。しかも、この木を使った建物で、シックハウス症候群（化学物質過敏症）

旬は神の時間であり、神が定められる

が治ったという実験結果も出ているという。

こうしてみると、月と日のはたらきは対照的であるとともに、その二つのはたらきが一つになるとき、最高のものが生まれてくる。

いま、都会に季節がない、という人がいる。いつでもイチゴやスイカ、トマトなど、いろいろなものを食することができる。こうした暮らしの中では、季節感はあいまいになり、ついには季節、旬というものがおざなりになりがちである。

人が生きていくときも同じく、いろいろな旬がめぐってくる。けれども、自らの旬を感じたり、つかまえることは難しい。ややもすると、自らの都合ばかりを思っていると、肝心の旬を忘れてしまうことにもなりかねない。

ほかのことに気をとられて、種を蒔《ま》く旬に遅れて作物の収穫ができなくなるに等しい。そこに一切の言い訳はできない。

こうしたことを「空ばかり見ては踏み損《そこな》う」といわれる。旬は「道という理」であり、神の時間であり、神が定められる。それに沿うていく者だけが、大いなる収穫を得るのである。

道

㉑ 通った中に道ある

通《とお》った中《なか》に道《みち》ある。真《しん》の心《こころ》以《もっ》て出来《でき》て来《く》る。皆大抵《みなたいてい》やない。山《やま》坂《さか》をも道《みち》を付《つ》けたら楽々《らくらく》の道《みち》も運《はこ》ばれるやろう。

（明治26年12月16日）

道というものは、通るから道になる、道である、ということができる。人も通らなければ獣《けもの》も通らない、ということになれば、それは単なる山であり、原である。決して道とはいわない。

けれども、いかに山である、原であるといっても、そこを誰《だれ》かが通りかけて、その後を多くの人が歩けば、それは道になっていく。

その意味で、道は通るためにある。その道も、人の往来がなくなれば、また山や原にかえってしまう。

おやさまが先頭を歩んでくださっている

天理教の信者を、「お道の人」と言うことが多い。また私たちも、「お道では」というように表現する。

このことは、天理教の教えがもつ本質的な、しかも根本的な特徴を自ら表している。つまり、天理教は、単なる観念の遊戯にあらず、何よりも教えを実践することに重きをおく。

こういうことは、他の宗教には見られない。お道が「だめの教え」といわれる所以《ゆえん》である。道を歩む中に、いかなる困難が前途に見えようとも、すでに、おやさまが先頭を切って歩んでくださっている。おやさまが道を付けてくださってある。

私たちは、その後をしっかり歩むだけでいいのだ。何も心配することはない。その道を歩む人たちが一人でも多ければ多いほど、道はなお大きく広がっていく。ならば、私たちは多くの人たちをこの道に案内し、共に歩むことが、おやさまの教えてくださった道を大きく輝かしていくことになる。通ってこそ道なのである。

道を歩むについて障害となるのは、銘々の、いらぬ先案じだけである。勇んで通ろう、この道を。

㉒ 今日や昨日や成りた道やない

この道《みち》というは、今日《きょう》や昨日《きのう》や成《な》りた道《みち》やない。皆心《みなこころ》という、いつと無《な》くして通《とお》りたこそ今日《きょう》の日《ひ》、めん／＼もなあ、これまで心《こころ》で思《おも》わいでも神《かみ》が見通《みとお》し、よく聞《き》き分《わ》け。これまで通《とお》り難《に》くい運《はこ》び難《に》くい道通《みちとお》りた理《り》は、容易《ようい》で通《とお》られたんやない。

（明治32年8月11日）

この道――おやさまが付けかけられた道、つまり天理の教えがはじめかけられた道によって、多くの人々がたすけられてきた。今日では、その教えの結構さが分かり、その教えを信じる人たちも増えてきたが、こういう姿は、今日《きょう》や昨日《きのう》というような短い間に成ったものではない。

先人の苦労あればこそ今日の結構

おやさまが、この教えを伝えかけられてから二十数年というものは、村人からも相手にされず、憑《つ》きものや、気が違った、などと罵《ののし》られ、笑われ誹《そし》られてお通りになった道中があった。

そして、ようやく人々が「庄屋敷《しょやしき》の安産の神様や」と言って、参り始めるようになってからでも、四十年近く（明治三十二年現在で）経《た》つのである。その間、不思議なたすけに浴し、おやさまのお話に皆が心を寄せ、自分のことは後回しにしてでも、人だすけのうえにつとめてきたからこそ、今日の日がある。大勢の人が寄り合《お》うて、賑《にぎ》やかな、ありがたい道になったのである。

たすけ一条の道を歩む銘々の道中も、そうしたことは同じであろう。そんなことは神が見通している、と仰せになる。通りにくい、運びにくい道を通ってきた、その心というものを考えたとき、楽々の容易なものではなかったのである。

教会の道も、また然《しか》りである。初代からの苦労の道があればこそ、また、共に歩んでくださった信者さん方がおられればこそ、今日の結構がある。長らえて楽しんで、この道を通らせていただこう。

㉓ 何も無い処より始め出来た道

神《かみ》一条事情《じょうじじょう》は五十年以前《ねんいぜん》より、学者《がくしゃ》がしたのでもない、文字《もじ》から出来《でき》たのでもない、智慧《ちえ》より出《で》けたのでない。さあ〳〵聞《き》いても居《い》るやろ、見《み》ても居《い》るやろ。何《なに》も無《な》い処《ところ》より始《はじ》め出来《でき》た道《みち》。何《なん》でも彼《か》でも通《とお》らにゃなろうまい。

（明治21年6月6日）

この信仰の道は、おやさまが付けかけてくださった世界たすけの道である。おやさまは、全人類を一人残さずたすけ上げたい、との思召《おぼしめし》を明かされた。なんと壮大なことではないか。

このおやさまの思い。それは人間をはじめかけ、いまもご守護くだされている親なる神、天理王命《てんりおうのみこと》の思いそのものである。この、人間をたすけ上げたいという思い

全人類を一人残さずたすけ上げたい

の道は、神一条の道という。

それが五十年以前、つまり、このお言葉は明治二十一年（一八八八年）のものであるから、天保《てんぽう》九年（一八三八年）に始まった。それは、学者がしたのでも、書物に記されたものでも、あるいは人間の知恵から生まれたものでもない。ほん何でもない農家の女一人《いちにん》から始まった、といわれる。そのことは、聞いているだろうし、また、実際に見てもいただろう。すなわち、親神様が、おやさまに入り込まれたということを。

専門的な言葉でいえば、「啓示」の出来事が、おやさまに起こったのである。そして、親神様の思いそのままに、たすけの道をひらかれた。その道すがらは「ひながたの道」と呼ばれる。何もないところから多くの先人が、おやさまのお導きを頂いて、わが家わが身を忘れて尊い歩みを残されている。全人類をたすけ上げるために、この神一条の道を、おやさまのお心を心としてお通りくだされたのである。

私たちもその後を、「何でも彼《か》でも」勇んで通らせていただこう。よふぼくの使命はここにあり、である。

㉔ 道のため苦労艱難

結構《けっこう》に暮《くら》されるを、この道《みち》のため苦労艱難《くろうかんなん》不自由艱難《ふじゆうかんなん》さした事《こと》もある。

(明治31年8月26日)

おやさまが神のやしろとなられて、まず最初になされた事柄は、貧しい人々に施しをされて、貧に落ちきられたことである。

このお言葉は、そうした道中を、おやさまと共にお通りくだされたお二人、すなわち秀司《しゅうじ》先生と、「若い神」とまで慕われたこかん様のことを指していわれたものである。

中山《なかやま》家は地持ちとして唄《うた》われた庄屋であり、本来なら何不自由なく暮らすことが

魂に徳をつける道を楽しんで

できたはずであった。けれども、母親であるおやさまが神のやしろとなられたがゆえに、秀司先生とこかん様も、道のために苦労艱難《かんなん》の中をお通りになった。

道のための苦労ほど尊いものはなく、誠の中の誠であり、忘れてはならないことを仰せになっているのである。

秋祭りの日に、村の娘たちが着飾って楽しげに歩いているのに、こかん様は、一人寂しく道行く渡御《とぎょ》を眺《なが》めておられた。

また、こかん様が「お母さん、もう、お米はありません」と言われたとき、おやさまが「世界には、枕《まくら》もとに食物《たべもの》を山ほど積んでも、食べるに食べられず、水も喉《のど》を越さんと言うて苦しんでいる人もある。そのことを思えば、わしらは結構や、水を飲めば水の味がする。親神様が結構にお与え下されてある」と諭された話は有名である。

信仰の道を歩んでいくうえでの苦労は誠の道、魂に徳をつける道である。親神様のご守護をしっかりと味わわせていただくとともに、道のうえの苦労を楽しんで通らせていただこう。

㉕ 草生えの中

最初《さいしょ》掛《か》かりというものは荒《あば》ら家同様《やどうよう》、何処《どこ》から取《と》り掛《か》かろうか、こゝから取《と》り掛《か》かろうか。それ一《ひと》つ道《みち》は付《つ》ける、……草生《くさば》え何《ど》処《こ》にあろうまい。ほんの草生《くさば》えの中《なか》、一時《じ》定《さだ》めたる並大抵《なみたいてい》やない。今日《きょう》の日《ひ》通《とお》り通《とお》したる理《り》によって、天然《てんねん》のあたゑと言《い》う。

（明治26年12月4日）

このお言葉は、本席飯降伊蔵《いぶりいぞう》先生が新しい家に引き移られたときのものである。おやさまは「月日のやしろ」とお定まりになられてから、母屋《おもや》を売り払い、土地も手放されて、貧のどん底に落ちきられた。寄り来る人とてなく、うっそうとした竹やぶがそばにあるだけの、それこそ、あばら家同然のところに住まいをなさっていた。

その先には、一粒万倍の楽しみが

けれども、その中にあって、親神様の教えを厳然として伝えられ、次第に不思議なたすけを現されるようになった。そのたすけを求めて、人々が寄り来るようになったのは、二十数年の年月が経《た》ってからのことである。

だからといって、お住まいは相変わらずで、食べるものとて十分にあったわけではない。まさに「草生えの中」そのものであった。そんなところに、妻の産後の患いをたすけられた飯降先生が、その誠の心を見定められて、おやしきに一家揃《そろ》うて伏せ込まれることになる。「子供がたくさんあり、みんなに世話をかけるし、また人から何を言われるかもしれん」という中であった。そうした日々を通りきられた理によって、結構な「あたゑ」を頂かれたのである。

「これまでよう〳〵長い間の道すがら嬉《うれ》しい事やなあ〳〵。頼もしい事や、嬉しい事や。これまでどんな日もあったやろう。まああたゑ〳〵、一粒万倍《りゅうまんばい》と言う」

（明治26・12・3）

お互いに、どんな中も、親神様を信じて通りきらせていただこう。その先には、一粒万倍の楽しみがある。

㉖ 難儀不自由の道を通りて

真実《しんじつ》一《ひと》つで難儀不自由《なんぎふじゆう》の道《みち》を通《とお》りて、今日《きょう》の日《ひ》という。もうこれ長《なが》らえての道《みち》を通《とお》りて、艱難《かんなん》の道《みち》を知《し》らずして、あんな阿呆《あほ》らしい事《こと》は措《お》いたらよいという。こうしたら勝手《かって》が良《よ》い。こうやれば良《よ》いと思《おも》えど、天《てん》の理《り》でいかん。治《おさ》まらんで。……皆《み》んな心《こころ》を合《あわ》せてすればいかんやない。

（明治22年9月16日）

ものごとを進めていく場合、いろいろな意見が飛び交《か》う。そんな、あほらしいことをせずに、こうしたらよい、ああすればよいのに、と思うこともある。けれども、そうした意見も、親神様がご覧になられたとき、どうであるか。人間

元一日にみんなの心を合わせていく

的な都合、目先のことばかりにとらわれた考えは、どうしてもあさはかなことが多く、治まるものも治まらない。

まず、この道がどうして成ってきたかという元を知ることが肝要である。何もない中、真実一つで、つまり、どこまでもおやさまの声を信じて、そのままに歩んできた道があればこそ、今日の日があることを忘れてはならない。

それは、ほんとうに難儀な、不自由な道中であった。もちろん、物がないという不自由もさることながら、親神様のお心を伝えることの難しさ、困難さである。親神様のお心は、ただただ人間可愛《かわい》い、人間たすけたいというお心であるにもかかわらず、それをなかなか分かろうとしない人たちを相手に、お通りくだされた。そういう元一日の日がある。

そのことを心において、みんなの心を合わせていけば、どのようなことも成ってくる、との仰せである。それが神の守護なのである。

教会にも元一つの道がある。成らん道中もあった。この点を心において、日々を通らせていただこう。

㉗ 難しい道

この道《みち》というはなか〱難《むつか》しい道《みち》である。難《むつか》しい、どうも難《むつか》しい。何《なに》も難《むつか》しい事《こと》やない。このくらい楽《らく》な事《こと》は無《な》いなれど、皆《みな》心《こころ》が難《むつか》しいのや。

（明治31年6月2日）

このお道を通らせていただくについて、あれこれ考えると難しいことが多いように思えてくる。主人や家内のこと。また子供たち、親、親戚《しんせき》のこと。会社のことやれ近所のこと。はては、家の経済のこと、人がどう言うやら、などと考えていると、なかなか難しい。親神様も「どうも難しい」とおっしゃっている。

自分の心さえ少し向きを変えれば

しかし、また「何も難しい事やない」とも仰せになる。つまり、人間思案であれこれと考えれば考えるほど、難しいように思えることであっても、それは実は、みんな自分の心が難しくしているのや、といわれる。

自分の心さえ少し向きを変えれば、なんでもないことであるのに、そのことに気づかず、時には変に意地をはって、ますます事態を難しくしてしまう。いわば自分で自分を苦しめている、ということになる。

この信仰の道は、親神様を信じ、おやさまのひながたを目標《めどう》に通らせていただくとき、「このくらい楽な事は無い」のであって、いらぬ人間思案が難しくしている、ということである。

すれば、どこまでも親神様に凭《もた》れて、親神様を信じて、御教《みおし》えのままに通らせていただく誠真実の歩みによって、いかに難しいと思われる事態も開けてくるのである。このことを「あちらから見てもこちらから見ても成程《なるほど》、という理より治まる理は無い」といわれるのである。

さあ、どこまでも勇んで通らせていただこう。

㉘ 細道が通りようて往還通り難くい

細道《ほそみち》が通《とお》りようて往還通《おおくわんとお》り難《に》くい。何《なん》でやと思《おも》う。細道一人《ほそみちひとり》の道《みち》、往還世界《おおくわんせかい》の道《みち》。……日々《にちく》の道《みち》を通《とお》ろうと思《おも》うては、人《ひと》を毀《こぼ》ったり悪《わる》く言《い》うてはどうもならん。人《ひと》を毀《こぼ》って、何《なん》ぼ道《みち》を神《かみ》が付《つ》けても、毀《こぼ》つから道《みち》を無《な》いようにするのやで。

（明治23年2月6日）

細道は通りやすく、往還道は通りにくい、というのは、一つには、細道を通る人は注意しながら歩くので、案外すっと通っていく。ところが往還道は広い。だから、歩くときに注意が散漫になって、かえって事故に遭《あ》ったりすることがある。

同様に、何かを目指して苦労を重ねているときには、いろいろなことがあっても、ただその目標となる一点を見つめて、ひたすらに歩む。ところが、目標が実現して、

多くの人と共に歩んでいく難しさ

その達成感から、やれやれと安心していると、そこに油断が生まれてくる。だから難しいといわれるのである。

もう一つは、ここでいわれるような別の意味が考えられている。

細道は一人の道であるから、人のことをとやかく言うこともない。しかし、往還道は世界の道。すなわち、いろいろな人と共に歩んでいくことになる。だから難しいのである、と。

人さまにたすかっていただきたいばかりに、また、この道を思えばこそ、ああだ、こうだと言うことになる。しかし、そこである。その場合、人の悪口に終始してしまっていないだろうか。親神様は、それではどうもならない、それは人を毀《こぼ》ってしまうことになるぞ、といわれている。

自分にとって嫌《いや》な人、都合の悪い人がいても、その人たちも共に通っているから、往還道なのである。その人たちを排除しようとすればするほど、道は細々とした道になる。そんなことでは日々の道を歩むことはできず、「何ぼ道を神が付けても、毀つから道を無いようにするのやで」と仰せになるのである。

㉙ 裏の道は誠の道

さあ〳〵神《かみ》一条《じょう》の道《みち》は、表《おもて》と裏《うら》とある。裏《うら》の道《みち》は誠《まこと》の道《みち》、一《ひと》つさあ〳〵日々《にち〳〵》に運《はこ》ぶ処《ところ》は、誠《まこと》というは通《とお》り難《に》くいものである。蔭《かげ》の道《みち》は難《むつか》しい道《みち》、表《おもて》の道《みち》は通《とお》りよい。世界《せかい》の道《みち》は通《とお》り、通《とお》り難《に》くい神《かみ》の道《みち》は内《うち》、表《おもて》と裏《うら》との道《みち》である。内《うち》に運《はこ》ぶ人《にん》が少《すく》のうてならん。

（明治21年5月21日）

人というものは、誰《だれ》しも自分を善《よ》く見てほしいと思う。褒《ほ》めてもらって悪い気がする、ということはまずない。それがお世辞《せじ》であると分かっていても、である。耳に心地よく響く。それだけに、目に見えて分かる表で働こうとする。人目につ

目立たぬよう、ひっそりと心を尽くす

かない陰のつとめは疎《おろそ》かになりがちである。

神の道においても、往々にして同じことがある。それを表と裏の道、といわれるのである。善く思われたい、いかにもしているぞ、というのは表の道である。目立たないように、ひっそりと誠の心を尽くしていくのが裏の道、と仰せになる。

この誠の道は、通りにくい道である。なぜか。それは、人は皆、わが身が可愛《かわい》いからである。けれども、目立たない陰の道、この通りにくい神の道を、「内」ともいわれる。その「内に運ぶ人が少のうてならん」とのお話である。

たとえていえば、教会へのつとめは、内のつとめである。内に運ぶことはなかなか難しい。目立たないし、あまり日常的すぎて、ややもすると、何をしているのか、それすら分からなくなってしまうこともある。

月次祭に、にをいがけに、ひのきしんにと、教会に帰らせていただく。世上から見れば、何のことか分からず、それを評価してくれる人は社会にはいない。かえって、うさんくさく思われるくらいである。けれども、帰りにくい中、自分の時間を削《けず》ること、それが誠の心を運ぶということである。

㉚ 暗がりの道が見えてあるから

知《し》らず〳〵の道《みち》、分《わ》からず〳〵の道《みち》、みす〳〵の道《みち》ある。これ三《みっ》つ出《で》掛《か》けたらどうもならん。盛《さか》ん程《ほど》めん〳〵心《こころ》を静《しず》めて掛《か》かるから盛《さか》んという。心《こころ》の理《り》があれば勝《かっ》手《て》の道《みち》という。勝《かっ》手《て》の道《みち》は盛《さか》んとは言《い》えようまい。暗《くら》がりの道《みち》が見《み》えてあるから、諭《さと》さにゃならん。

（明治24年7月24日）

私たちは、おやさまがお教えくだされたこの道を通らせていただいているが、その通り方を考えるとき、次の三つの道はどうもならん、と仰せになっている。

その一つは、知らず知らずの道である。知らないがゆえに誤りを犯す場合もある。けれども、ある意味では無邪気なところがあって、「知らん間はほのかのもの」と

知らず、分からず、みすみす、の道

もいわれる。ただし、誤った道を歩むということは事実である。

分からず分からずの道とは、こうだと教えてもらっていても、そのことの意味が分からずに通ってしまうことである。親神様は「これまで道を通し、どんな中も連れて通りた」といわれるが、これは、この道がいままでにない、前人未踏の道であるから、親神様が連れて通ってくださったのである。分からん間は、親神様の話も聞き分けることができず、「ざわ〱して居《い》る」ようなものであるが、「だん〱道を通りたら、あら〱分かりてある」といわれる。

みすみすの道とは、分かっているのに、それを通らないことである。親神様がこうだと教えてくださり、その意味も分かっているのに、みすみす違う道——暗がりの道を通ることをいわれる。

人間には心があるので、ついついわが身の思いを立てて通ることもある。しかし、それは勝手の道であるといわれる。このまま勝手の道を行けば、「暗がりの道が見えてあるから、諭さにゃならん」と仰せになるのである。神一条の道を忘れず、明るく勇んで通らせていただこう。

㉛ 満足集まって道と言う

皆遠《みなとお》く所《ところ》から厭《いと》わずして来《く》る心《こころ》だけ受《う》け取《と》って、十分満足与《ぶんまんぞくあた》えてやらにゃならん。満足《まんぞく》すれば一所《ひとところ》やない。世界《せかい》に映《うつ》る。不足《ふそく》で行《い》く〱すれば、理《り》が消《け》えて了《しま》う。何処《どこ》までも皆々満足集《みなみなまんぞくあつ》まって道《みち》と言《い》う。

（明治37年2月6日）

ぢばへぢばへと、遠きを厭《いと》わず心を寄せ、運ぶ信者に対する心得をいわれた。厭わずに運び尽くす者たちの心を受け取って、十分に満足を与えることが肝心である、との仰せである。

満足を与えれば、それは一所、すなわち、その人だけにとどまっているものではない。「世界に映る」といわれるのである。ならばこそ、その満足は次の満足を呼

小さな運びも大きく受け、喜びの心を表す

び、満足の輪が広がっていくことになる。結構やなあと尽くし運び、それを結構やなあと受け取って、その心に応《こた》えていくところ、満足が集まることになる。そこにこそ、お道のお道たる所以《ゆえん》がある。

もし、運んだ者に不足の心が出てくるならば、運んでくる理が消えてしまうことになる。それだけに、尽くし運んでくる者に、何よりも大きな喜びの心をもって、満足という理を与えることである。親たる立場にある者が、うっかりとして、運び尽くす心に応えるものがなければ、とんでもないことになる。

それは何か特別な態度、心構えを要求されるものではない。ごく当たり前の、ちょっとしたことでよいのである。小さな運びも大きく受け、喜びの心を表していくことである。それでこそ、運んだ理が生きてくる。

一方、運ぶ者も、いろいろなことがあっても、満足の心をもつことである。「満足の理から芽が吹くで」と教えられる。つまり、銘々お互いが、さらに喜びに満ちた暮らしをさせていただけるし、また、この道の新たな芽吹きをも見せていただけるのである。

㉜ 付け掛けた道は八方付ける

どんな事《こと》あっても付《つ》け掛《か》けた道《みち》は八方《ぼう》付《つ》ける。どんな事《こと》でも、しょうと言《い》うたら出《で》けるやろ。今日《きょう》はなあ〳〵よかったなあと言《い》うて、十分日《ぶんひ》を送《おく》りたる。後々《あと〳〵》こうという理《り》を寄《よ》せて、心《こころ》の理《り》が寄《よ》れば、どんな事《こと》でも出《で》ける。心《こころ》の理《り》が寄《よ》らねば出《で》けん。人《にん》間心《げんごころ》で運《はこ》んだ処《ところ》が出《で》けやせん。

（明治39年5月1日）

ものごとを進めていく場合、大事なのは、みんなの心が寄る、ということである。皆の心が寄らなければ、ものごとは成ってこない。とくに道のうえにおいては、なおさらである。

物やお金で事を進めるのでなく、「心の道」とも仰せになるだけに、人の心こそ

親神様の思い一つに心を寄せていく

が何よりも大切である。みんなの心が寄らなければ、何かを進めようと思っても、決してできるものでない。

親神様が一番望まれているのは、みんなの心を寄せて進めてもらいたいということである。しかしながら、それが難しいのである。すなわち、そこに意見の違い、それぞれの思惑《おもわく》があって、なかなか一つになれない。けれども、ともかくも親神様の思い一つにならら、心を寄せていくことはできる。神の思いに多少届かないものがあったとしても、寄った皆の心に親神様ははたらいてくださることも多い。それは、人間が可愛《かわい》いという親神様の思いがあればこそなのである。

そこを間違って、わが身勝手な人間心から進めようとすると、それは成る話ではなくなる。

「どんな事あっても付け掛けた道は八方付ける」と仰せになるが、親神様の思い一つに心を寄せていくところ、どんなご守護もお見せいただくのである。

お互い銘々の心が一つになるところ、親神様はどんなはたらきを見せてくださるのか、楽しみである。

㉝ 道という理は末代の理

どんな事《こと》ありてもこんな事《こと》ありても、道《みち》という理《り》は末代《まつだい》の理《り》なれば楽《たの》しみが無《な》くてはならん。道《みち》一代《だい》と思《おも》うや頼《たよ》り無《な》い。これから道《みち》一《ひと》つ理《り》頼《たよ》り定《さだ》めて居《い》れば、難儀《なんぎ》しょにも出来《でき》やせん、不《ふ》自由《じゆう》しょうにも出来《でき》やせん。

（明治34年6月25日）

親神様は、ありがたいことに、どこまでも人間をたすけたいばかりの心でおられる。その心を「親心」と表現する。私たちは、その親心に凭《もた》れて、あるいはその導きを得て歩んでいる。いいかえれば、どっぷりと親心に浸《ひた》って（甘えて？）暮らしている、ということになろうか。

理を見つめて代を重ねていけば

けれども、時として思わぬ出来事が起きて、どうすればいいか、また、なんでやろうと思うこともある。いわば「どうもいかんこうもいかんと思う」のである。それに対して、「道の上に立ちたら、どうなりてもこうなりても」聞き分けていくことが大切である、といわれる。親神様の話に間違いはない。なれども「心に一つ取り損《ぞこな》いありてはどうもならん」のである。

それには、どこまでも親心に凭れきることがなければならない。そこにこそ「道という理は末代の理」があるのであって、楽しみもまた見えてくるのである、といわれる。

一代限りと思ってしまえば、こんなこと何になるのかなあ、どんな意味があるのかと、なんだか頼りないことのように思える。しかし、その中を、人間たすけたいという親心に凭れて通っていけば、いうならば親神様を頼りに理を見つめて代を重ねていけば、「難儀しょにも出来やせん、不自由しょうにも出来やせん」と仰せられる。日々にどんなことがあっても、この点をしっかり心に治めて通ることが大事である。

㉞ 苦労を見よ

さあ〳〵一代《だい》は一代《だい》の苦労《くろう》を見《み》よ。長々《なが》〳〵の苦労《くろう》であった。二代《だい》は二代《だい》の苦労《くろう》を見《み》よ。三代《だい》はもう何《なん》にも難《むつか》しい事《こと》は無《な》いように成《な》るで。なれど人間《にんげん》はどうもならん。その場《ば》の楽《たの》しみをして、人間《にんげん》というものはどうもならん。

（明治22年3月21日）

道の初代というものは、ほんとうに艱難《かんなん》苦労の道を通っておられる。何もないところから道を付けるのであるから、それは楽々の道でないことは当然である。しかし、その道中を通っておられる心はというと、決して苦労だ、難儀だといって悩んでおられるわけではない。それは、おやさまのひながたの道あればこそである。

先人の苦労の上にあぐらをかかず

おやさまが、この世界たすけの道をお付けくだされたのであるが、その道は、ほんとうにご苦労の道であった。村人からの嘲笑《ちょうしょう》、官憲からの圧迫干渉など。また、病をたすけていただいても、おやさまの話を聞き分ける人はほとんどなく、信者と呼ぶことができる人が現れるには、立教以来二十数年を要している。

たすけずにはおれない親の心をもって、長の年限、導いてくだされたのである。布教師の苦労というものは、それから見れば微々たるものにすぎないが、やはり、やむにやまれん心で初代はお通りくだされたのであろう。

それに続く二代も、それなりの苦労はある。けれども、三代になれば、難しいことはなくなる、と仰せられる。

難しいことがなくなれば、人間というものは、つい楽しみを求めるが、それでは、その場は通れても、どうもならんと仰せになる。二代は二代、三代は三代、それぞれも、こうのうの理を積んでこそ、その代にふさわしい与えを頂くことができるのである。「何にもこうのう無くしては、どうもならん事に成りてはどうもならん」とお言葉は続く。先人の苦労の上にあぐらをかかず、心したいものである。

㉟ 無理に来いとは言わん

ならん者《もの》に無理《むり》に来《こ》いとは言《い》わん。来《く》る者《もの》に来《き》なとは言《い》わん。……機嫌《きげん》に向《む》いたら行《い》くは、機嫌《きげん》に向《む》かにゃ行《い》かんは、こんな事《こと》では今日《きょう》の日見《ひみ》えるか。……神《かみ》が捨《す》てるやない。何《なん》ぼ大切《たいせつ》な者《もの》でも、めん〳〵から捨《す》て、掛《か》かればどうもならん。何程繋《なにほどつな》ぎたいかて、真《しん》の心《こころ》から事情《じじょう》の理《り》切《き》れたらどうもならん。

（明治30年4月4日）

この道は心の道である。心一つがわがのもの、と仰せられる。この場合、使った心の理がわがのものなのであるから、心一つによって、どんな道も見えてくることになる。

実行が伴わねば結構な日は見えてこない

親神様は、無理に来いとはいわれない。そこに心がなければ、どうしようもないからである。けれども、その日の機嫌にまかせて、今日《きょう》は行こうか、明日《あす》はやめておこうか、というようなことではどうもならん、と仰せられる。

そんなことでは今日の結構な日が見えるものではない。どうでも結構という日が見えてくるように、道を通っていかなくてはならない、と仰せられるのである。

親神様は、何がなんでも子供である人間をたすけたいと思召《おぼしめ》しておられる。けれども、「何程繋《つな》ぎたい」という親神様の心を、切ってしまうようなことになれば、どうもこうもしようがない、といわれるのである。いくら心を定めても、そこに実行が伴わなければ、親神様の心を切ってしまうようなものである。

そこに、結構な日は見えてくるものではない。これは私の反省でもある。たすかる理がないとでもいえようか。実行がないということは、「めん〳〵から捨て〵掛かればどうもならん」とまで仰せられていることに等しい。たすけるにたすけられんのである。

お互いに、少しでも心に思い浮かぶことを実行して、たすかる理を頂こう。

㊱ 独り成って来るは天然の理

天然自然《てんねんしぜん》というは、誰《たれ》がどうする、彼《かれ》がこうしようと言《い》うても出来《でき》ん。独《ひと》り成《な》って来《く》るは天然《てんねん》の理《り》。金《かね》でどうしょう、悧巧《りこう》でどうしょうというは、天然《てんねん》であろまい。世上《せじょう》から見《み》て、珍《めずら》しいなあ。何処《どこ》から眺《なが》めても成程《なるほど》、というは、天然《てんねん》に成《な》り立《た》つ理《り》。

（明治33年5月31日）

この道は天然自然の道である、とお聞かせくださる。人間の知恵や力で、どうこうと成ってくる道ではない、ということである。いいかえれば、ない人間ない世界をはじめかけてくだされた親神様が一切のはたらき、ご守護を下さっている世界である、ということである。

成るよう行くよう内々治めるが肝心

人間が生きていくうえで、どんな道中もある。いいときもあれば、都合の悪い、どうにもならんときもある。しかし、それもこれも、みんな親神様の思惑《おもわく》の中で起こってくることである。成ってきたことに神の思惑を悟って、間違いなく歩んでいくところに、振り返ってみれば、大過なく大きなご守護のもとにお連れ通りいただいたのやなあ、ということが分かるのである。

また、いろいろな出来事の中で、世上から見て、珍しいなあというようなことも、親神様がはたらいてくださっているなればこそである。それは「何処《どこ》から眺《なが》めても成程《なるほど》」という治まり方である。こうした治まり方こそが大切である。天然自然とは、そういうように成り立ってくるものであると仰せられている。

無理やり自分の思いばかりを通そう、成らそうというのは、天然とはいえない。成るよう行くよう、内々それぞれを治めていくことが肝心である。「急いても出来ん、又《また》しょうまいと思ても出来て来るは、天然の道と言う」とも仰せ《せ》られる。

どうぞ目先のことにとらわれず、成ってくる理を明るく受けとめ、日々を楽しみの心でお通りくださるよう。

㊲ 勇む事に悪い事は無い

さあ〳〵皆《みな》勇《いさ》んで掛《か》かれ。勇《いさ》む事《こと》に悪《わる》い事《こと》は無《な》いで。あちらこちら神《かみ》が駆《か》け廻《まわ》り、修理《しゅうり》肥《こえ》を撒《ま》いたるようなもの。これは容易《ようい》でなかった。

（明治33年10月31日）

勇むという心のあり方は、このお道において、たいへん重要である。
人は生きていく中で、つらいことや困難なことに必ず出合うが、勇んで掛かっていくことが大事だといわれる。ともすれば、つらく苦しいときは心を倒し、どうにもならなくなって、心がいずんでしまいがちになる。
そんなとき、心が倒れたままであれば、事態はますます、より難しい、より苦し

何がなんでも勇むという心の向きをもつ

いほうへと向かう。倒れた心は、自分で立て直すしかない。でも、それは簡単なことではない。そんなときこそ、勇んで掛かることが大事である。目の前の困難や苦しいことを越えていくには、そうした心のあり方が求められる。

それには、教会で親神様の話を聞かせていただくことである。それしか心が開ける道はない。心を親神様に向けて、親神様のおはたらきを頂戴《ちょうだい》するのである。そこに、おのずと勇み心が湧《わ》いてくる。

しかし、いくら話を聞いても、自分がそうだと思わなければ問題は解決に向かわないところに、わが心でありながら、どうにもならないものがある。

おつとめは、世界を勇めかけていくために勤められるのであるから、それに参拝し、他の「勇み」を願うところに、自らもいつしか勇むことができるのである。そこに運命が好転し、事態が解決に向かう。まず、何がなんでも勇む、という心の向きをもつことである。

人が勇めば神も勇んでくださる。神が勇めば、どんなはたらきをお見せくださるか分からないのである。

㊳ 楽しみの道

年限《ねんげん》無《な》くばあたゝゝると言《い》えん。年々《ねん》理《り》によって理回《りまわ》さねばならん。積《つ》んだ理《り》が光《ひか》り、心《こころ》が年限《ねんげん》経《た》てば、これだけ与《あた》えて貰《もろ》うたという。年限《ねんげん》通《とお》らにゃならん。……これから万事楽《ばんじたの》しめば、又楽《またたの》しみの道《みち》がある。

(明治32年8月21日)

信仰というものは年限が大切である、といわれる。それは一面、木にたとえて諭されている。すなわち、いくら立派な木を植えても、それ自身が水を吸わなければどうにもならず、いずれ枯れてしまうことになる。つまり、一つのものごとが成るためには、付け焼き刃ではならないということである。

日々積み重ねた理が年限とともに光る

オリンピックの競技を見ていると、陸上競技の百メートルなら十秒ほどで決着がつく。スキーのジャンプ競技などは、ほんの数秒である。その一瞬のために、何年もの時間がある。その時間は、単なる練習のためのものではなく、あくまで本番のためのものであるがゆえに、それを継続することができる。練習そのものは、苦しい、単調な時間であるに違いない。

信仰にもそうした面があるわけで、年限かけて通らせていただくことが重要であることを教示されるのである。

今日《きょう》信仰させていただいたからといって、すぐに与えがあるわけではない。もちろん、それなりのことは見せていただくが、大事なのは日々積み重ねた理であって、それが年限とともに光り、大きな与えを頂戴《ちょうだい》できるのである。それがほんとうの与えである。それは誰《だれ》のものでもなく、どこにもいかない。無理して得た与えは仮のものにすぎず、真に自己のものとはならないだろう。

年限を楽しんで通れば、楽しみの道が見えてくる。このお道を楽しんで通らせていただき、先の大きな与えを楽しもう。

㊴ 元一つの事情から始め掛ける

さあ〳〵今《いま》になって今《いま》の事《こと》を言《い》うやない。所々《ところ〴〵》には一《ひと》つ〳〵の名《な》を下《お》ろし〳〵。さあ〳〵いつ〳〵までの事情《じじょう》、往還道《おおくわんみち》を待《ま》ち兼《か》ねる。何《なに》か一《ひと》つの治《おさ》め方《かた》、一《ひと》つの事情《じじょう》、元《もと》一《ひと》つの事情《じじょう》から始《はじ》め掛《か》ける。

（明治22年4月18日）

親神様が話され、仰せくださることは、いまのことだけをおっしゃっているのではない。いわゆる小手先のような話ではない。元から先を見て、つまり人間がたすかっていく道筋を見極めながら、真のたすかりへと導いてくださる、そのうえからのお話である。とするならば、お道の話は、先を見据《みす》えて、しかも、ものごとの元、

教会は何のためにあるのか

根本に立ち返って思案することが大事になってくる。

「所々には一つ〳〵の名を下ろし」とは、国々所々に名称の理が下ろしてある、との意で、いまでいうところの教会を指している。こうした教会は、願いをもって許され、設置されたものである。その教会は何のためにあるのか、ということになると、これはいうまでもない、おつとめを勤めるためである。そして、おやさまの教えを伝えていくためである。このことが教会の元である。

それは、明治二十年（一八八七年）、おやさまが現身《うつしみ》をおかくしになる直前の神人問答の中に明らかである。人々は、官憲からの圧迫干渉をさけ、お急《せ》き込みくださるおつとめを勤修《ごんしゅう》するには、教会の設置がどうしても必要であるとの思いから、おやさまにその設置の許しを願われたのである。

そのおつとめをもって世界たすけを進めるというのが、親神様の思いであった。おふでさきに急き込まれているのは、まさにこの点で、それを「往還道」といわれるのである。そこのところを思案の根本において、教会のあり方というものを考えていくことが大切である。「元一つの事情から始め掛ける」のである。

㊵ 道の上の世界

道《みち》の上《うえ》の世界《せかい》という。世界道理《せかいどうり》も無《な》けにゃならん。その理《り》の成《な》って来《く》る元《もと》が無《な》けにゃならん。その元《もと》を心《こころ》に含《ふく》んで、無《な》けにゃならんものは無《な》けにゃならん〳〵。

（明治33年3月30日）

このお言葉は、天理教校が設立され、その開校式執行の許しを願われたときのものである。当時「学者金持ち後回し。道に学問はいらん」という風潮が強いときに、初代真柱様の英断によって学校ができた。

「世界道理も無けにゃならん」ということは、教師養成の機関としての学校が必要であることをお認めになったことを指している。が、大事なことは次である。その理の成ってくる元がある、ということ。その元を心に含む、ということである。

その理の成ってくる元を心に含む

日々の暮らしの中で、世上に合わせて通ることもままある。たとえば、会社に勤めている人が、教会の月次祭の日に会社を休もうと思っても、それは、たいへんなことに違いない。だから、月次祭に参拝できなくても、神様は一概にそのことを否定されるわけではない。けれども、会社に勤めるという、その元を考えて行動することである。健康ならばこそ会社に行ける。病気になれば会社へ行くに行けない。ここである。親神様のご守護あればこそ、なのである。これが元である。

この元を忘れると、会社に勤めているのだから、月次祭に参拝できないのは当たり前だ。その給料で暮らしを立てているのだから、休むわけにはいかない。なんなら、月次祭を日曜日にすればいいじゃないか、というような、本末転倒した考えが出てくる。これではお話にならない。

月次祭が終わっても、その日一日は月次祭の日である。ならば、所用を済ませてから参拝する心をもちたい。神の理を立てるとは、このことである。もちろん、所用を後回しにして、まず月次祭に、という心のほうが、理を立てることになるのは、いうまでもない。

神の守護

㊶ 大難小難救けたる

神《かみ》の守護《しゅご》も無《な》きものかなあと、中《なか》にそういう事《こと》も思《おも》う者《もの》もある。皆《みな》これ大難小難《だいなんしょうなん》救《たす》けたる。

（明治34年11月21日）

自分に災難が降りかかってくると、ついつい、どうしてそうなるのか、ということを考える。それも、いい方向へ考えが進むのであれば問題はないが、ややもすると、信仰しているのに、これだけ一生懸命にやっているのになぜなのか。時には、神様のご守護はほんとうにあるのか、などと思ったり、言ったりすることもないとはいえない。

それに対して親神様は、どんな大難も小難も皆たすけているのである、といわれる。であるならば、どのようなことが起こってきても、まずお礼を申し上げること

どんなことが起きても、まずお礼を

が第一となる。

他人から見れば、災難に遭《あ》ってお礼を言う人は、どこかいぶかしげなことであろう。もちろん本人にしても、人間的な感情からいえば、それは難しいことに違いない。病気になって、あるいは事情が起こって、なんでありがたいのや、と思うのがふつうである。それを喜びなさいといわれても、そう簡単に喜べない。それをありがたいと思えるには、その成ってきた事柄の因《よ》ってくるところを思案することである。

その場合、一つの角目《かどめ》は、情に流されていないかどうかを振り返ってみることであろう。「道に理は一つ。二つは無い」とも仰せになる。日々に歩む道中には、いろいろなことがある。それがために、情に流された、理にはずれた思案から、ものごとを進めていることが案外多い。

どんな中も、親神様のご守護あればこそ、日々が成り立ち、年限の理ができてくる。親神様の言葉一つに心を合わせ、皆揃《そろ》って一日の日を楽しんで通ることである。

「どんな災難も元知れてあれば安心のもの」といわれている。

㊷ 成程という理治まれば

一二三と言《い》う。一と言《い》うたら一、二と言《い》うたら二、三と言《い》うたら三、一《ひと》つ〳〵組《く》むようなもの。成程《なるほど》という理治《りおさ》まれば、十分《ぶん》神《かみ》が守護《しゅご》する。

（明治39年5月20日）

なるほど、と合点がいく。すると心が治まる。ものごとがこのように進んでいけば、そこにトラブルが生まれる余地はない。

この場合、何をもってなるほどと思うのか、それが問題である。自分の都合に合わせてか、あるいは親神様の話になるほどと思うのか。自分の都合に合わせてならば、トラブルは不可避である。

親神様の話は先を見通しつつ、人間の根源からの話である。しかし、あまりよく

何をもって〝なるほど〟と思うか

分からないというのが、ほんとうのところだろう。親神様の話を聞いて、すぐに心に治まる人は少ない。もし、そういう人があるとすれば、よほど魂に力がある人に違いない。「一と言うたら一、二と言うたら二、三と言うたら三」というように、ものごとの順序が、すでにきちんと胸の内に治まっている人である。逆にいえば、親神様の話を順序よく、一と言われたことを一として納得し、二と言われたことを二として了解していく。それが信仰の歩みである。

そこに、親神様の話に人間心はさらさらないことが分かる。このことが分かって、なるほどという理が治まる。ご守護があるということになる。

しかも、こうした心のはたらきすら、自らが思案しているように思うが、実は「心というものは、皆《み》んな神が守護してある」ともいわれる。驚くべき宣言である。もちろん、人間の心遣いまで支配しているという意味ではなく、親神様のご守護あればこそ、心をはたらかせることができるということ。使った心のはたらきだけが、自分のものなのである。この心のありようから、なるほどと思い至れば心が治まる、ということになるだろう。

㊸ 与える与えられんの理がある

何《なん》でもという真実《しんじつ》の理《り》と、その場《ば》だけの理《り》と、どうでも印貰《しるしもら》わねばならんという理《り》と、理《り》によりて、与《あた》える与《あた》えられんの理《り》がある。

（明治27年7月12日）

このお言葉は、ある地方で、人々が雨乞《あまご》いを教会に願ってこられたことに対して、その心得を諭されたものである。

心一つによって自由《じゅうよう》の理を見せてやろうと、いままで説いてきている。また、そういう姿を見せてきた。しかし、自由のご守護を頂くには、それだけの理がなけりゃならん、と仰せになる。それこそ、なんでもどうでもこうでも、という真実もあれば、その場だけ一生懸命に願う者もある。また、なんとかご守護の印をもらわね

ご守護を頂くには、それなりの真実がいる

ばと、心を揃《そろ》え、日々の心遣いや行いから正してくる者もある。そこにはおのずと、自由のご守護が頂ける者と頂けない者とがある、といわれる。

このお言葉は、雨乞いだけについてのものではない。私たちのご守護の頂き方を教えられている。大きなご守護を頂くには、それなりの真実がなければならないのである。

こうしたことは、私たちの暮らしの中でもよくあることである。人に何かを頼む。その頼み方もいろいろである。半《なか》ば命令のような口ぶりで言う人もいれば、平身低頭の人もいる。あるいは、ほんとうに心が伝わってくるような人もいる。そこに人柄のようなものが、自然とにじみ出てくるものである。

そこに日々ということが、まことに大切なこととなってくる。なんでもないような日々の心遣い、行いこそが、つまり日々の積み重ねが、その人となりをつくるのである。信仰生活においても、そのことが一番の基本となる。

信仰の歩みに近道はない。末代かけての道なのである。コツコツと地道に歩んでいくことが大切である。そのような人こそ、自由のご守護が頂戴《ちょうだい》できる。

㊹ 御供というは大変の理

御供《ごく》というは大変《たいへん》の理《り》なる。皆々《みなみな》も聞《き》いて居《い》るやろ。さあ〳〵何《なに》も御供《ごく》効《き》くのやない。心《こころ》の理《り》が効《き》くのや。

（明治37年4月3日）

毎日、朝づとめが終わってから、参拝者を含めて皆で御供《ごく》を頂いている。身の守り、心の守りを願ってのことである。御供を頂くのは、ふつうは身上になった場合である。御供を頂いて、心の守りとはどういうことなのか。

心一つはわがのもの、と教えられる。けれども、こんな心を使ってはいけない、と思いつつも、いつの間にか使ってしまう。そうしたことを考えると、わがものと思っている心が、わが思うように使えないことに気がつく。実は、心はわがものと

いらぬ心を使わぬよう守っていただく

いうより、使った心の理が、わがものということになるのではないか。とするならば、使いたくない心を使わずに済ますというご守護を頂かなくてはならない。

どうすればよいか。親神様に守っていただく以外に方法はない。だから、いらぬ心を使わないよう、御供を頂いて親神様に守っていただきたいとの思いから頂戴《ちょうだい》するのである。もちろん、おぢばで頂くお守りを身につけておけば、それで十分ということでもあるが……。

御供は、教祖殿で存命のおやさまにお供えされた洗米のお下がりである。それはたいへんな、どれだけの値打ちがあるとも知れない。だからといって、ただ頂けばよいというわけではない。「分量計りた薬味に出すのやない」といわれるように、何かの特効薬ではない。御供でご守護を頂くのは「心の理が効くのや」との仰せである。

すれば、御供を頂くところ、親神様の思いに沿う誠の心が大切となる。そこには、いらぬ心を使っている間がない。結果として、わが心が守られることになるだろう。ご守護が頂戴できる。御供が効く、ということになる。

㊺ 教祖の言葉は天の言葉

何処《どこ》の国《くに》にも彼処《かしこ》の国《くに》にもあったものやない。神《かみ》が入《い》り込《こ》んで教祖《おやさま》教《おし》えたもの。その教祖《おやさま》の言葉《ことば》は天《てん》の言葉《ことば》や。

（明治34年5月25日）

このお道は、おやさまによって付けかけられた道である。おやさまのお話から、ない人間ない世界をはじめかけられた親神天理王命《てんりおうのみこと》の存在を知ることができた。それまで人類は、人間を創造した存在者がいるのではないかと、知恵のはたらきを得て、類推はしていた。けれども、たしかなことは分からなかった。それまでの知恵のはたらきによるものは、宗教と呼ばれ、思想を生みだした。仏教はその一つである。キリスト教もまた、そのうちに数えることができるであろう。さらには、賢人、聖人と呼ばれる人の思想。日本では、偉大な業績、人の模範となるような行

親神様が入り込んで伝えられた教え

いをした人が、死とともに神として祀《まつ》られることもある。

　いずれにしても、それらは、だめの教えが出現する地ならしの役割をもったものである。決して一概に否定されるべきものでない。十のものなら九つまでは、こうしたものによって、すでに教えられている。そこへ、おやさまの口を通して、初めて人間の親なる存在が明らかにされ、しかも親なればこその、人間誕生にまつわる思いが明かされたのである。

　それは決して、中山《なかやま》みき個人が悟りを開いたものではなく、どこまでも親神様が中山みきに入り込んで伝えられた教えである。このことを了解しない限り、この信仰は成り立たない。

　おやさまは人間の姿形をもっておられるがゆえに、おやさまのお話しくださることに疑いをもって聞く人もないとはいえない。しかし、おやさまのお心に触れて、そうした疑いの心を超えた人もたくさんおられる。親なる神の心に触れて、そこに自らの存在の根源に目を向け、神のご守護あればこその私、を知る。それは単なる理屈を超えた、ありがたい世界である。

㊻ 結構の事情は分かれども

結構《けっこう》の事情《じじょう》は分《わ》かれども、不足《ふそく》という事情《じじょう》、あちらこちら迫《せま》り、判然《はんぜん》せず、発散《はっさん》せず、これをしいかりいかなる話《はなし》も伝《つた》えてくれ。

(明治24年9月30日)

お互いに、日々を結構にお連れ通りいただいている。こんなことは、いまさら言うまでもないことである。長い道中には、身上にお知らせを頂くこともある。すると、どんな理であろうかと思案する。心定めもする。

けれども、いっこうにすっきりとご守護いただけない。なんでやろうと、ついつい人間思案が湧《わ》いてくる。そうなると、心は袋小路《ふくろこうじ》に入ったように、いらぬほうへいらぬほうへと思案をめぐらすことになる。誰《だれ》しも同じような経験をされているに

「水を飲めば水の味がする」真実に目覚める

違いない。はたから見ていても、なんで、と思う人もいるだろう。

そうした中、判然としない、喜べない、不足が出てくる。私はこんな苦しい思いでいるのに、どうしてなの、と周りに当たり散らすことにもなりかねない。すると「あちらこちら迫り」ということにもなってくる。それは、ただちに身上が迫るという意味ではないが、周りからだんだんと、いろいろなことが迫ってくるのである。いうならば、あちこちに事情が起こってくることになる。自ら苦しみを増やしているようなものである。

大事なことは、一日一日を生きる感謝と喜びである。親神様のおかげで、皆さまのお力を頂いて、今日がある、というところに思いをひらくことである。ああ、結構やなあ、水を飲めば水の味がする、と教えられた境地に心をおくことである。いうならば、水が飲めるというご守護、味がするというご守護を思うこと。また、自分一人で生きているのではないという真実に目覚めることである。

そこに、喜べない、なんで、という不足がちの心を発散することができる。いま生きていることのありがたさに、喜びが湧いてくる。どうぞ勇んで。

㊼ 成っても成らいでも

何《なに》か心《こころ》に承知《しょうち》した処《ところ》、成《な》っても成《な》らいでも運《はこ》び切《き》らにゃならん。心《こころ》に治《おさ》めた理《り》なおざりというは、何《なに》かなろまい。

（明治33年10月6日）

会長さんから話を聞いたり、また、おたすけ体験談の講話を聞いたりすると、ああそうか、よしやるぞ、と気持ちが盛り上がってくる。こうしたとき、あらためてそれまでを振り返るとともに、これからこうさせていただこう、こういう心で通らせていただこう、などと心に決めることがしばしばである。ところが、そうして心に決めたことも、いつしか忘れてしまっていることが多い。

なぜ忘れるのか。ご守護を頂いて、喉元《のどもと》の熱さを忘れるからである。また一つには、あまりにも結構すぎるからである。暮らし向きに大した変化が現れてこないか

親神様の思いを心において運びきる

からであろう。

らである。いいかえれば、神のご守護とは枯木《かれき》に花が咲くようなことと思っている

いわれている。

大切なことは、心に治めたことを、成っても成らいでも運びきることである、とる。それをなおざりにするから、成るものも成ってこないのである。

ものごとが成ってくるというのは、親神様のご守護、はたらきがあればこそである。それを自らの都合に合わせて、少しやってみて、何も変化がない、何も成らない、などと思ってしまう。与えられた仕事、御用でも同じことである。

「何か受け持ったら十分働き、めん〳〵一つ理立てるが真の誠」と仰せられる。十分に働いて、そこに親神様の思いを常に心において、運びきっていく、それが真の誠なのである。また「真実は神が働く。神が働けば、後《のち》にそうであったなあと楽しむは道」とも仰せられる。

人間の真実に親神様がはたらいてくださる。そうした道中を通る中に、振り返って、あのときはこうであったと思い出され、楽しみ溢《あふ》れる暮らしが生まれてくる。陽気ぐらしは、私たちの日々常の歩みの足元にある。

㊽ 見れば見るだけ、聞けば聞くだけ

見《み》れば見《み》るだけ、聞《き》けば聞《き》くだけ、これ悟《さと》りて楽《たの》しみの事情《じじょう》、身上事情《みじょうじじょう》あれば楽《たの》しみが無《な》い。

（明治25年1月18日）

生きているということは、そこに何かを見たり聞いたり、感じたりしているということである。そのとき、喜ぶことが多いか、嫌《いや》やなあと思ったり不足したりすることが多いか。それは人によってさまざまであろうが、だいたいにおいて、喜ぶということは少ないのではないだろうか。

事それほどに、見える姿、聞こえてくる姿が、わが思うようなものでない、ということであろう。だから、それをまず喜ぶということができない。聞いても素直に喜べない、ということになる。

心明るく弾ませ、嬉しい楽しい気持ちで

けれども、親神様は九つの道具を人間に貸し与えてくだされているが、そのいずれもが、喜ぶためのものである、ということに思いを馳《は》せなければならない。すなわち、見て喜び、聞いて喜び、という世界が大切なのである。それが人間の道具の使い方なのである。それが陽気ぐらしへの歩みとなる。「見れば見るだけ、聞けば聞くだけ」喜びが湧《わ》いてくれば、どんなに楽しいであろうか。それは必然的に「楽しみの事情」となる。

見て、嬉《うれ》しいな楽しいな。そして、また見て、嬉しいな楽しいな。これが「見ればば見るだけ」ということであろう。「聞けば聞くだけ」ということも同様の意味である。身上・事情があれば、なかなかそのようにはいかないかもしれないが、しかし、身上・事情の中なればこそ、ちょっとしたことからでも喜び、嬉しい楽しい気持ちをもつことが大事である。そこに、いつしか身上・事情は解決へと向かう。真に嬉しい楽しい道が見えてくる。

さあ、心明るく、心弾ませて、見れば見るほど、聞けば聞くほど、嬉しい楽しい気持ちで暮らそう。

㊾ 身の内かりもの

身《み》の内《うち》かりもの〳〵と聞《き》いた時《とき》だけ。一日《にち》経《た》ち十日《とうか》経《た》ち言《い》うて居《い》る間《ま》に、二十日《はつか》経《た》ち遂《つい》には忘《わす》れる。

（明治24年11月15日）

人間の身体《からだ》というものは、親神様からの「かりもの」であると聞かせていただいている。ところが、そのことがほんとうに心に治まっているかといえば、ついつい忘れがちになっていないだろうか。

健康であるときには、身体がかりものであることなど、どこか思案の外にあることが多い。病気になったとき、身体が思うようにならない事態になって、なるほど、自分のもののように思っていたが実はそうではない、という真実に気がつく。

身体が親神様からのかりものであるということは、人間身の内と世界における守

身体はかりものと思案しながら生きる

護について、十全のはたらきとして説き分けてくださっている。くにとこたちのみこと様は、人間身の内において眼《め》うるおい、世界では水の守護。をもたりのみこと様は、人間身の内にて温《ぬく》み、世界にては火の守護というように、次々とはたらきを説き分けられている。

こうした親神様のご守護によって生かされて生きているということが、身の内はかりものであるということの真実である。この人間存在の根源的事実に目覚めるとき、人間は何のために生きているのかという、考えても答えの出なかった古来の問題に解決が与えられる。

五木寛之《いつきひろゆき》という作家が『人生の目的』という本の中で、結論的には、人生の目的は分からないが、ともかく生きることである、と述べている。それは、人間の考え得るぎりぎりの限界でもある。

身体はかりものであることを、いつも心において生きていくことである。すると、いままで見えなかったことが見えてくる。人生の、はっきりとした目的が明らかになってくる。日々、かりものの身体を使わせていただく喜びをもって過ごそう。

㊿ 息一筋が蝶や花

蝶《ちょう》や花《はな》のようと言《い》うて育《そだ》てる中《なか》、蝶《ちょう》や花《はな》と言《い》うも息《いき》一《ひと》筋《すじ》が蝶《ちょう》や花《はな》である。これより一《ひと》つの理《り》は無《な》い程《ほど》に。

（明治27年3月18日）

親として子供が可愛《かわい》いのは、当たり前のことである。だから、わが子を「蝶《ちょう》よ花よ」といって可愛がる。はたから見れば、どうかな、と思っても、親にすれば、そんなことは問題ではない。ただただ、わが子が可愛いのである。

その子供が立派に成長して、社会に出て人さまの役に立ち、人さまに喜んでいただける人間になってくれれば、どれだけ嬉《うれ》しいことであろう。

生かされている真実を考え方の基盤に

けれども、いくら見目麗《みめうるわ》しく、優しい娘さんに成長したとしても、息一筋が止まってしまえば、そんなことは何の意味も持たない。意味がないというより、それまでの日々が思い出されて、かえってつらい、悲しい毎日を過ごすことにもなりかねない。

息一筋に親神様のおはたらきがあるのであって、それならばこそのお互いである。息をしなくなったら、それで今生は終わりということになる。

親神様のご守護の世界に生かされているという真実に目覚めることが、根本である。それを知らずに、蝶よ花よと育ててみても、それは、いわば砂上に城を築いているようなもので、風が吹けば一夜にして崩れ去ってしまうことにもなる。

阪神《はんしん》・淡路《あわじ》大震災や新潟県中越《ちゅうえつ》大震災で経験された方も多いと思うが、大地が揺れることほど、恐怖に苛《さいな》まれることはない。それも時間にすれば数分である。その数分でさえ、自らの身をどこにおけばよいのか、それも分からず混乱してしまう。

親神様に生かされているという真実を、すべての考え方の基盤にしなくてはならない。その日々の歩みが、真実の人生を紡《つむ》ぐのである。

51 誠の話に誠の理を添える

誠《まこと》の話《はなし》に誠《まこと》の理《り》を添《そ》えるなら何《なに》も言《い》う事《こと》は無《な》い。理《り》が増《ま》すようなもの。

（明治29年3月26日）

親神様は人間可愛《かわい》いうえから、どんなことでもたすけてくださる。といって、当事者が何もせずに、ただ手をこまねいているだけではどうにもならない。そこに、銘々がたすかるべく行動を起こさなければならない。

しかし、行動を起こせば必ずたすかるかというと、そうではない。そこに、たすかるべき種がなければならない。

たとえば、川や海で溺《おぼ》れて、大声でたすけを求めている人がいるとしよう。その声に気づいた人が、その溺れている人をたすけようと、ロープのついた浮き輪を投

少しの実行の積み重ねがたすかりの種に

げた。けれど、それに気づかないか、あるいは、浮き輪に摑《つか》まるということを知らなかったとしたら、どうだろう。ただたすかろうと、もがき、泳ぎ続けるしかない。いずれ、そのまま……ということになりかねない。

浮き輪とロープの存在に気づくということ、それに摑まるということが、たすかるための種である。親神様の話は、いわば、いつでも、どこでも下げてくださっている「天よりの綱」である。その綱に摑まることは、自らは親神様に捕《つか》まることになる。だから、たすかるのである。

おやさまのお話は誠である。その話を信じることは人間の誠。そして、親神様の話のままに、どこまでも実行していくことを「誠の理を添える」といわれる。そうするならば、何も言うことはないとの仰せである。それは「理が増す」ようなもの。すなわち、たすかる筋道を綱にたとえるなら、より太く、より強靭《きょうじん》になるということであろう。

いまよりちょっとだけ、親神様の指し示してくださる方向に手を伸ばそう。少しの実行の積み重ねが、ここぞというときの、大きなたすかりの種になるのである。

㊾ 善い事すれば善い理が回る

善《よ》い事《こと》すれば善《よ》い理《り》が回《まわ》る、悪《あ》しきは悪《あ》しきの理《り》が回《まわ》る。善《よ》い事《こと》も切《き》りが無《な》けねば、悪《あ》しき事《こと》も切《き》りが無《な》い。

（明治25年1月13日）

世の中を見ていると、いくら善《よ》いことをしても何の得にもならない、かえって損をする、という風潮が強い。目先の損得を基準にしたものの考え方が多い。得をするということになると、我《われ》も我もと、人はそちらへ流れる。損をすることには見向きもしない。あほらしいと思う。

親神様は、そんな人間の心理を読んでおられるのであろう。「善い事すれば善い理が回る」と仰せになる。そんなことを知らない人間は、いくら善いことをしても、誰《だれ》も褒《ほ》めてくれるわけでなし、お金が入るわけでもなく、そんなのは無駄《むだ》や、損や、

「理は見えねど、皆帳面に付けてある」

と思ってしまう。少しくらい人がどう思っても、法律に触れなければ、得になるようにしたい、と考える。善いことをすればいいと分かっていても、ついつい目先のわが利益だけを追求してしまう。

親神様が仰せになる、ことの善し悪《あ》しは、あえていえば「人をたすける心」を軸としたものの考え方や行動であろう。単なる法的、道徳的規準からいわれるのではない。

長年この信仰の道を通っていくうちに、なるほどおかげやなあ、ということがしみじみと分かってくる。つまり、善いことをすれば善い理が回る、ということが分かってくる。それには年限が必要である。

この善いことも、どれだけやればよいという切りがない。悪いことも同じである。「理は見えねど、皆帳面に付けてあるのも同じ事、月々年々余れば返《か》やす、足らねば貰《もら》う。平均勘定はちゃんと付く」といわれる。

この世は親神様の世界。理の世界。善きを求めるなら、善きこと――親神様が喜ばれること、人をたすけることを積み重ねることである。

㊿ 明日日の事は分かろうまい

人間《にんげん》というは今日《きょう》までの日《ひ》は分《わ》かるであろ。明日日《あすにち》の事《こと》は分《わ》かろうまい。

（明治26年5月11日）

今日《きょう》までのことは分かるであろう、と仰せになる。いうならば、過去のことは、記録や記憶をたどれば分かることがある。また、それらに基づいて、ある程度、将来のことも見通せる。しかし、天気予報を例に出すまでもなく、明日《あす》のことは分からない。人工衛星で全地球的規模に観測し、そのデータをコンピューターで高速処理、解析しても、なかなか予報は的中しない。

このことは、人間の知恵に限界があるということを示すものではないか。もし、明日のことが確実に分かれば、たとえば株価の変動が予測できれば、たちどころに

人間の知恵には限界がある

大金をつかむことができる。その意味では、明日のことが分からないのは、いいことであるのかもしれない。

元初まりの話によると、九億九万年は水中の住まい、六千年は知恵の仕込み、三千九百九十九年は文字の仕込みといわれるが、知恵は文字の仕込みを経て発現してくる。

おやさまが石上神宮《いそのかみ》の神職たちに、親神様の守護について詳しく説き諭されたことがある。そのとき、「それが真《まこと》なれば、学問は嘘《うそ》か」と神職は尋ねるが、「学問に無い、古い九億九万六千年間のこと、世界へ教えたい」と仰せになっている。つまり、今日までのことは分かるやろ、といわれるのは、実は三千九百九十九年前からこっちのこと、ということになるだろう。

おやさまのお話は、この九億九万六千年間のことを教えてくださっている。ここが分かれば――信じるならば、おそらく明日のことも見えてくるはずである。明日が見えれば、いま、何をすべきかということが分かる。これほど確かな道はない。だめの教えといわれる所以《ゆえん》である。

㊹ 心配や難儀や苦労、神が始めるか

心配《しんぱい》や難儀《なんぎ》や苦労《くろう》、神《かみ》が始《はじ》めるか。これから一《ひと》つ理《り》取《と》ってみよ。何処《どこ》に不足《ふそく》あるか。そんな事《こと》するから、心配《しんぱい》や難儀《なんぎ》拵《こしら》える。そこで、よう思《し》やんしてみよ。人《ひと》をえらい目《め》に合《あ》わする神《かみ》が有《あ》るか無《な》いか。

（明治40年4月7日）

人はわが都合に合わせて、事の善《よ》し悪《あ》しを判断する。これはきわめて当たり前のことで、そこに驚くことは一つもない。ところが、どうかすると、そのわが都合を親神様にまで押し付けようとするから、どうにもならない。

まじめに信仰させていただいている。けれど、こんなことをしていてよいのだろうかと、時として不安に襲われる。心配になる。目先のことばかりにとらわれてい

銘々の先案じが難儀のもとに

ると、ついつい、そういう思いになってくるのである。人間だから仕方がないといえば、仕方がないことでもある。

こうした心配や不安の根源はどこにあるのかといえば、わが都合ばかりを考えるからである。親神様は、それを先案じだといわれる。ああなりたい、こうなりたい。けれども、少しもそうならない。どうなってるの？　ということになる。

けれども、人間が思う心配や難儀苦労は、神が始めかけるものではない、との仰せである。心配や難儀を拵《こしら》えるのは、銘々それぞれではないか、といわれる。親神様からすれば、こうすればいいのにと、たすかる筋道は見えてある。だから、いろいろとご教示くださる。それを素直に聞けばよいのであるが……。「そんなこと言うても」という言葉は禁句にしなければならない。「人をえらい目に合わする神が有るか無いか」とまでいわれる。

情や目先の状況に流されているだけでは、理を潰《つぶ》すのも同じことであろう。どこまでも親神様に凭《もた》れ、信じていくところ、大きなたすけ、喜びの姿をお見せいただけるのである。

55 一粒万倍という楽しみ

上《のぼ》り切《き》りたら下《くだ》らんならん。よう聞《き》き分《わ》け。雨降《あめふ》る中《なか》もだん〳〵凌《しの》ぎ、百石《こく》蒔《ま》いて一粒万倍《りゅうまんばい》という楽《たの》しみ。

（明治29年10月10日）

長い人生の中には、どんな道中もある。それこそ山あり谷あり、時には暴風雨に遭《あ》うこともある。けれども、たとえ雨嵐《あらし》の谷底の道中であっても、否《いな》、谷底の道中であればなおのこと、ならんところを辛抱し、たすけ合って生きていくことが大事である。

親神様は、「雨降る中もだん〳〵凌《しの》ぎ」楽しんで通るように、といわれる。そう

与えの八分で慎みをもって暮らす

した状況を楽しむことは、なかなかできることではない。が、いずれ雨や嵐は去っていくもの。その先には晴天が待っているという大きな心で受けとめて、努力を重ねていくならば、雨嵐も楽しみなこととなるだろう。

暮らし向きが上昇していくことは、よいことには違いない。しかし、それも上りきったら、あとは下るより道はない、との仰せである。考えてみれば、これは当然のことで、半永久的に上昇し続けることはない。どこかで下がる。器もいっぱいになれば、それ以上は入らない。こぼれてしまう。こうした道理は誰《だれ》でも分かる。

けれども、人間には欲がある。その欲が、ものごとを判断するときに邪魔をするのである。どこまでも上りきろうとする。日々の与えを十分として、しっかりと喜ばせていただくことが肝心である。その喜びを親神様へのお供えとさせていただくところに、器が大きくなる。一粒万倍の与えがある。

与えすべてをわがものとする考えや態度は、上りきった姿である。上りきってしまわずに、与えの二分は種蒔《ま》き用として、あとの八分で、慎《つつし》みをもって暮らしていきたいものである。

㊻ 神一条の理

さあ〳〵神《かみ》一条《じょう》の理《り》は一夜《や》の間《ま》にも入《い》り込《こ》むなら、どうしようとままや。朝《あさ》あちら向《む》いて居《い》るを、こちら向《む》けるは何《なん》でもない。前々《ぜん〳〵》聞《き》かしてある。何処《どこ》へ頼《たの》むやないと言《い》うてある。

（明治21年7月23日）

明治二十一年七月二十三日は、ぢばに教会本部が置かれた歴史的な日である。長期間、官憲からの干渉・攻撃に耐えてきた本教が、ようやく教会設置の認可を得たのが、同年四月十日であった。ただ、その認可は東京府においてであり、ぢばを離れての教会本部であった。

親神様は、この東京にある教会本部を、ただちに、ぢばへと移転するよう指示される。当時の人々にすれば、大阪府、奈良県に幾度となく教会設置を願っては、却

日々守護に心寄せるところに培われる

下されるという苦渋の中を通ってきているだけに、認可後、日を経ずして本部を移転することは、あまりにも小ざかしいことのように取られて、認可が取り消されるのではないか、という思いがあったようである。

そんな人間的な思いとは別に、親神様はどこまでも、ぢば・かんろだいの理を厳然と正される。神一条の理をどこまでも貫くならば、一夜の間にも神が入り込んで、どんなはたらきもすると、前から話を聞かしているではないか。この道は、どこかに頼んでできてくるものではないという根本をいわれたのである。奈良県に、教会本部をぢばへと移転する旨の届けを出したのが、この七月二十三日であった。

これでやれやれ安心だ、と思っていると、それが油断となり、そこからものごとが腐《くさ》ってくる。教会の公認、政府の許可というものは、いわば矢来《やらい》（竹などで粗《あら》く編んだ囲い）のようなもので、「矢来も十年二十年したなら破損が廻《まわ》るやろ」と仰せになる。

大事なことは、神一条の理に立つことである。それは、親神様がこの世と人間を守護してくださっていることに、日々心を寄せていくところに培《つちか》われる。

57 夜昼の理が分からにゃ

夜昼《よるひる》の理《り》が分《わ》からにゃ修行《しゅぎょう》に出《で》て行《い》くがよい。……夜昼《よるひる》というは、昼行《ひるゆ》く道《みち》を夜行《よるゆ》けば、どうなるか思《し》やんしてみよ。

（明治26年10月5日）

朝、陽《ひ》の光を浴びて体内時計がリセットされる。身体《からだ》の一日の始まりである。最近の研究によると、夜更《ふ》かしをする幼児は健康を損《そこ》ないやすく、その成長、とくに知能面で遅れ気味になるといわれている。

最近、いつもの起床時間に起きられない日が続く。疲れているのかな、と思わないでもないが、それよりも、親神様のご守護のあり方の変化によるものではないか、という感触のほうが強い。

というのは、起床時間が夜明けよりも早い。ひと月ほど前だったら、起床時間に

昼の理には案じることも危なきもない

夜が明けていたのである。身体には、夜が明けるまでは眠ろうとするはたらきがあるのだろう。昼働き、夜は寝る。これが暮らしの基本である。つまり、夜昼の理とは、ものごとが成り立っている根本をいう。しかも夜、昼というあり方が、親神様のご守護の世界であることを意味する。

この夜と昼の違いを弁《わきま》えること。それが分からないなら修行に出るがよい、といわれた。修行とは、形を通して心をつくることである。

暗い夜の道を運転するのに、ライトをつけずにいたならば大きな事故を招く。また、昼を夜と思って、明るい道をライトで照らしながら、車にぶつからないか、踏み外《はず》しはしないか、などと案じて道を通れずにいる人もある。

つまり、親神様の話をいくら聞かせていただいても、それを聞き分けず、悟らずにいるのは、夜昼が分からんようなもの、との仰せ。いわば、教えによって、私たちが行く道を照らしてくださっているのである。

聞いた話を心に治め、日々通るのは昼の理である。そこには案じることも危なきもない。さらには、夜昼分からんようでは何も分からん、とまでいわれる。

㊽ こうという理が立てば

さあ、しっかり心一《こころひと》つの理《り》を改《あらた》め。こうという理《り》が立《た》てば、追々《おいおい》によごれた理《り》も剥《は》げる。たった一度《ど》ぐらいなら、こうと言《い》えばそれで済《す》むなれど、何度何度《なんどなんど》の理《り》が重《かさ》なればどうもならん。

（明治27年12月1日）

考えてみれば、皆、わが身の都合に合わせて喜んだり腹を立てたりしている。けれども、それだけでは、いつしか心にほこりが積もり、どうにもならなくなるときがくる。そのときは、ものを見る視点を変えることである。

それを親神様は、「こうという理」を立てれば、心についた汚れも剥《は》げ落ちていく、と仰せになる。

わが身可愛い心を、まず横においておく

「こういう理」とは、神の道を第一に考えることである。それは、日々の生活を振り返れば難しいことかもしれない。会社がどうであるとか、あの人がこうであるとか、近所付き合いがあるとか。また、おいしいものが食べたい、流行の服が着たい、格好良くいきたいと思うのである。考えれば、そうしたいろいろなことを、まず横におかなければならない。これが簡単なようで難しいのである。

この道が、何もないところからはじまったことを思案して、いうならば親神様のおはたらきで今日の姿があることを見れば、おやさまのお話に決して嘘《うそ》はないことが分かる。また、その艱難《かんなん》苦労の道中を通りた理が大切である、といわれる。

誤りは、人間である限り誰《だれ》にでもある。心が弱ければ、とくにそのように見える。しかし誤りは、自分のことしか考えていない、わが身可愛《かわい》い心から生じてくることに気がつかなければならない。

しかも、誤りも一度くらいならいいが、性懲《しょうこ》りもなく繰り返す。それでは、どうにもならないのである。わが身可愛い心を、まず横においておくことが肝要である。親神様のことを第一に考えて通っていくことが、たすかる道である。

㊾ 種というは

種《たね》というは、些《いささ》かのものから大《おお》きものに成《な》る。年々《ねんねん》に作《つく》り上《あ》げたら、どれだけのものに成《な》るやら知《し》れん。

（明治37年12月14日）

この世に存在するものには種がある。種なくして存在するものはない。

種というものは、その形状からいえば、ほとんどが小さい。もちろん例外もある。そのことを認めても、その成ってきた姿からいえば、種のほうが小さいことに違いはない。しかもそれは、大根か蕪《かぶ》か白菜か、並べてみても、どれがどれだかよく分からない。蒔《ま》いて生えてきて、初めて何であるかが分かる。

その小さい種が、地中の水分と熱を得て、殻《から》を破って地上に芽を出す。さらに、

年限がかかるほど立派なものができる

太陽と雨の恵みと、昼夜の循環によって成長していく。そして、花を咲かせ実をつける。その意味で、成長し、花、実をつけてこその種である。種のままであれば、先の可能性はあるものの、実を結ぶことはない。

この道を通ろうとしている者も同じこと。道に引き寄せられた元一日の心というものがある。それが種だと仰せになる。その種が芽吹かねばならない。

種の立場からいえば、そのときは、いわば暗闇《くらやみ》の中である。周りが見えない状況であろう。しかし、それを素直に、周りからの心を頂いて通るところ、自らの殻がはじける。そこに新しい視界が広がってくる。芽吹くには、何がなんだかよく分からない道中もあるということである。

はたからいえば、その心をじっくり見てやることが大切である。「言葉でなりと満足与えば、それから一つ理も分かって来る」といわれるのである。「これがいかんあれがいかん、と言うは、道の疵《きず》と言う」とも仰せになる。

種を蒔いて、すぐに収穫できるわけがない。年限がかかる。かかればかかるほど、立派なものができる。さあ、楽しんで、長い大きな心でこの道を通ろう。

⑳ 水という理が無くば固まらん

土《つち》を固《かた》める。水《みず》という理《り》が無《な》くば固《かた》まらん。火《ひ》というもの無《な》ければ固《かた》まらん。……苦《くる》しい〳〵。大抵《たいてい》の事《こと》じゃない。心勇《こころいさ》んで気《き》が勇《いさ》む。余儀無《よぎな》き一《ひと》つの心《こころ》、よう定《さだ》めてくれるよう。

（明治24年11月1日）

信仰させていただいているからといって、楽々の、わが身に都合のよいことばかりが起こってくるわけではない。ある意味では、親神様のたすけたいという思いから、厳しい場面に遭《あ》うことがある。

しかし、それは親神様の親心なのである。たとえていえば、土を固めるには、土だけをどうこうしようと思っても、どうにもならない。そこに水と火のはたらきが

水と火のはたらきを得るならばこそ

なければならない。土に水を混ぜてこねる。成形していく。それは、一時的には固まるが、それを火にかけて焼くと、真に固まることになる。この、水と火のはたらきを得るならばこそ、土は初めて形をなす。ものの役に立つのである。茶碗《ちゃわん》や壺《つぼ》などの陶磁器となる。あるいはレンガ、瓦《かわら》などの建築用材にもなる。

こんなことは、少し考えればすぐに分かることだが、これがわがことになると、なかなか分からないのが人間の常である。

土が自分であるとするならば、水でこねまわされたり、火にあぶられたりすることは苦痛である。嫌《いや》なことである。しかし、それを通り過ぎたならば、その後は、素晴らしい器となっているのである。

信仰のうえで苦しいと思うときは、ちょうど水と火の、月日親神様のおはたらきを頂いているとき、と悟ることができる。それはたいていなことではない。

そんなときこそ、心倒すのではなく、心勇んで通れ、と仰せになっている。いいかえると、人間的に、また家庭的には苦しい、できにくいと思うことであっても、親神様の道を、心を定めて通ることが肝心なのである。

身上・事情

㊶ 身上に障りて諭しに出た

身上《みじょう》尋《たず》ねる。尋《たず》ねば一《ひと》つ諭《さと》し掛《か》ける。どういう事《こと》と思《おも》うやろ。
……身上《みじょう》に障《さわ》りて諭《さと》しに出《で》た。

（明治26年10月19日）

親神様のお話を聞かせていただいても、ただ漠然と聞いていたのでは、その話が心に治まるということは難しい。なんでこんな話をされるのか、なんやろうなあ、ということになりかねない。だから、「身上に障りて諭しに出た」といわれるのである。

話の聞き方ということからすれば、人間にとっては、病気になっているとか、事情で困っているというときのほうが、どちらかといえば神様の話を真剣に聞くので

病気や事情のときこそ信仰が光る

ある。

だから、ただならぬ事態（日常性を超えた、病気とか事情）を見せて、神意を説かれる。なかでも病気は、他人事で済ますわけにはいかない。自らの拠《よ》りどころとなる身体《からだ》だけに、他に責任を転嫁《てんか》するわけにもいかず、実に真剣にならざるを得ない。だから、身上に知らせて諭すといわれる。それは神のてびきであり、仕込みである。おやさまが進められる世界たすけに、それぞれがどのように加わっていくか、はたらいていくか、という場面のお話になっていく。

家族が健康で幸福ならば神様なんて、という人が多い。この幸福は自分が、俺《おれ》がやっているから、という思い上がりが強いからである。大事なことは、ものごとが順調に進んでいるときこそ、親神様のご守護のありがたさを感じることではないだろうか。

病気や事情に巻き込まれたとき、どのように身を処するか、どう悟るかが肝心である。日々のご守護に感謝し、喜びをもって暮らしている限り、悟りは明るく、よりたすかるほうへと思案がなされるだろう。そこに信仰が光るのである。

㉒ 身上痛めてなりと

一時堪《じた》えられんという身《み》の障《さわ》りでも、こうという精神《せいしん》一《ひと》つの理《り》さえ治《おさ》まれば、速《すみ》やか治《おさ》まる。どうせにゃならんとは、言《い》わん言《い》えん。たゞ心次第《こころしだい》の道《みち》という。身上痛《みじょういた》めてなりと、どうしてなりと治《おさ》めようという理《り》を、心《こころ》に楽《たの》しんで定《さだ》めるなら、さあさあ楽《たの》しみ〳〵の道《みち》諭《さと》し置《お》こう。

（明治30年3月29日）

どんな病気になっても、つらいと思うのは当たり前である。誰《だれ》も病気になりたくてなるわけではない。なってしまうのである。けれども親神様は、病のもとは心から、と仰せになっている。また、神の思惑《おもわく》があれば「身上痛めて」でも、それを知らす、ともいわれている。

病もまた、楽しみの種である

それを無慈悲なことと思う人もいるだろう。何も悪いことをしてない、と。しかし、そうではない。どこまでも親神様の真にたすけたいとの思いからの身上障りである。人間は病気が治ることだけがたすけと思っているが、親神様のたすけはそれにとどまらない。もっと大きく、深いたすけを促してくださっているのである。

とすると、病気になったとき、自分の心を省みるということが大事になってくる。あるいは、そこに神様の思惑を悟るということになる。つまり、「こうという精神一つの理」さえ治めることができれば、耐えられないほどの重い病も速やかに治まる、といわれる。だから「心次第の道」なのである。

この場合、忘れてはならないことは、「身上痛めてなりと、どうしてなりと治めようという理を、心に楽しんで定めるなら」という条件があることである。そうすると「楽しみ〳〵の道」がある、といわれるのである。

病気になったとき、ただ心配ばかりするのではなく、自らを反省するとともに、楽しみの心をもって、親神様の思惑を悟って通らせていただこう。そこに、病の根を切っていただき、楽しみの道が見えてくる。病もまた、楽しみの種である。

㊸ 身上に不足あれば

さあ〳〵身上《みじょう》に不足《ふそく》あれば、これ分《わ》かるやろう。さあ〳〵神《かみ》さん〳〵と思《おも》うやろう。神《かみ》は何《なん》にも身《み》を痛《いた》めはせんで。さあ〳〵めん〳〵心《こころ》から痛《いた》むのやで。……めん〳〵の親《おや》が言《い》う事《こと》に、悪《わる》い事《こと》言《い》う親《おや》はあろうまい。

（明治21年9月18日）

身上に不足あれば、分かるやろう、と仰せになるが、何が分かるのであろうか。まず、親神様を思う。「神さん〳〵」と心に願う。そして、あらためて、この身体《からだ》が自分のものでないことに気づく。かりものの身体であることに思いを馳《は》せる。さらに、自らの心の姿を振り返る。神の思いが分かる、ということになろう。

神は身を痛めようとしているのでない。それぞれの心から成ってきているのであ

身体が自分のものでないことに気づく

る、といわれた。とするならば、親神様のご守護あればこそ、と思うとともに、何がいかんのであろうか、などと考える。何が善《よ》い、悪い、などという地平から思案すると、考えは堂々めぐりをしてしまうことが多い。思案をするそのポイントは、「めん〱の親が言う事に、悪い事言う親はあろうまい」といわれるところにある。このことを、まず心に治めるところから思案をめぐらすことが肝心である。

ただ、最近の日本の親たちを見ていると、このお言葉そのままに受け取ることが、憚《はばか》られるような気分になる。子供の虐待から死へ、あるいは、保険金目当てに子供をなきものとする、というような事件が後を絶たない。人は子供を与えていただいて、初めて親と呼ばれる。そして、子供とともに親として成長するのだが、いつまでも成長しない、形だけの親が増えつつある。

したがって、自らの親に要求することはあっても、親に心を寄せる人はますます減っていくという悪循環に陥《おちい》ることになる。親に心を寄せずして、一人前の親にはなれない。そんなことでは、人間のをやなるご存在に思いを寄せることは、ますます難しいことになる。

㊹ 聞き捨てでは何にもならん

身上《みじょう》に事情《じじょう》あるから尋《たず》ね出《で》る。諭《さと》す。聞《き》き捨《ず》てでは何《なん》にもならん。そこで又《また》身上《みじょう》に掛《か》かる。前《ぜん》々〱に深《ふか》き〱の理《り》も知《し》らしてある処《ところ》。

（明治22年2月10日）

親神様の思いには、はかりしれないものがある。ただただ、人間たすけたい、人間可愛《かわい》いといううえから、いろいろと間違いのない道を教えてくださる。それも、繰り返し繰り返し、根気よく分かるまで導こうとしてくださる。

病気、また事情というのは、親神様からのメッセージである。何もなければ、人間は、それでいいと思ってしまうものだから、心得違いがあれば、あるいは、とくに親神様からの深い思惑《おもわく》があるために、そうした姿を見せられる。そこで親神様に、

たすけたい思いに喜びをもって応える

身上あるいは事情について、心のおきどころを尋ね出ることになる。「身上に事情あるから尋ね出る」といわれるのは、そうした意味である。しかし、大事なことは、いくら親神様の思いを尋ねても、それを聞き捨てにしてはならない、ということである。尋ねた限り、その仰せの通りに歩んでいくということがなければならない。ところが、ややもすると、自分の聞き入れやすいことだけを聞いているにすぎない、ということはないだろうか。それでは聞き捨てになる。

神様の仰せを聞こうとしないから、「そこで又身上に掛かる」ということになる。さらに「身上が速《すみ》やかなれば尋ねるに当《あた》ろまい〳〵」とまでいわれる。私たちの心を見透《みす》かされたお話である。

世の中にはいろいろな人がいる。その中でも、私たちはひと足早く、親神様のたすけたいという深い思惑から、この道に引き寄せられたお互いであることを、いま一度思い返そう。

身上になって心を倒すのではなく、親神様のたすけたい思いに、明るく、喜びをもって応《こた》えていこう。

⑮ 腰掛けて休んで居るようなもの

一寸《ちょっと》身《み》の自由《じゆう》ならん。一寸《ちょっと》腰《こし》を掛《か》けたて休《やす》んで居《い》るようなもの、これは、思《おも》う事《こと》もある。めん〳〵危《あぶ》ない道《みち》も経《た》ち越《こ》し、一時思《じおも》う事《こと》はあろまい。身《み》に不足《ふそく》あれば思《おも》う。一寸《ちょっと》腰《こし》掛《か》けて休《やす》んで居《い》るようなもの。

（明治30年3月17日）

このお言葉は、女性で唯一の本部員となられた増井《ますい》りん先生が身上になられたときのものである。

この先生は、ほんとうに真実一筋の方であった。明治五年（一八七二年）に父、夫を相次いで亡くし、明けて六年にリュウインシャクという病で、三年の命と医者

「身上の障りの時は悠っくり気を持ちて」

から宣告され、しかも七年には一夜の間に、激しい痛みとともに両目が腫《は》れ上がり、全治不能のソコヒと診断され、盲目となった。一家は悲嘆にくれたが、大和《やまと》の神様がたすけてくださるという話を聞いて、男衆《おとこし》の者を代参させて話を聞かせていただき、「自分はどうなっても、わが家のいんねん果たしのためには、二本の杖《つえ》にすがってでも、この道を通らせていただきます」との心定めをされた。そして、十二歳の長男、八歳の娘とともに水行《すいぎょう》をして、おぢばの方向に向かって「なむてんりおうのみこと」と繰り返し繰り返し、願いを掛けられた。

果たして、三日目の夜明けに、戸の隙間《すきま》から差し込む朝の光とともに全快のご守護を頂かれたのであった。それだけに信仰は白熱的で、昼夜の分からないくらい、おたすけに奔走された。

ならばこそ「身上の障りの時は悠《ゆ》っくり気を持ちて、楽しみの道も悠っくりと聞き取りて楽しもう。……働くばかりが道であろうまい」（明治30・3・12）という結構なお言葉も頂かれたのである。大雪の日に、小柳《おやなぎ》から平端《ひらはた》への途中、大和川の「高橋」を、風に飛ばされぬよう、這《は》いながら、おぢばに帰られた話は有名である。

⑥⑥ そらと言うや駆け付く

何《なん》と頼《たよ》り無《な》きなあ、思《おも》う理《り》よく取《と》り替《か》え、よく取《と》り替《か》え。……又《また》あこの内《うち》あれだけ尽《つく》すのにと、世界《せかい》からどう思《おも》うやろと又思《またおも》う。……これだけ尽《つく》して居《い》りゃこそ、そらと言《い》うや駆《か》け付《つ》く。この理《り》以《もっ》て一《ひと》つという、理《り》というく。

（明治32年1月8日）

このお言葉は、熱心に道のうえに尽くされている方の、家内が目の病、孫も肺炎という身上について尋ねられたことへの答えである。

親神様は、これだけ一生懸命に尽くしているのに、「何たると思うやろ」「これではなあ思うやろ」と、まずその人の気持ちを汲《く》みとられながら、親神様の思いを第一とするように、心のあり方を取り替えていくように、といわれる。お道を信仰

どんな中も親神様を信じて通れば

していても、頼りないことやなあ、こんなことでは世間の人はどう思うやろ、と思うかもしれないが、「どんな事あろうがこんな事あろうが」その中を、親神様を信じて通ることが肝心である、と諭される。

そして、大事なことは、なぜこの道を通っているのか、家内、内々の者に詳しく話して、内々を治めることである、といわれる。

これだけ尽くしていればこそ、「さあ」というときには、親神様はどんなはたらきも見せてやろうと仰せになっている。そらというときには駆けつけてくださる。何の心配もないのである。

道を通らせていただくお互いは、自分ひとりの信仰にとどめておくのではなく、家内揃《そろ》って心を結び合い、共々に末代続く道を歩むことを、親神様は願っておられるのである。

この道は末代の道である。いまだけの、いまさえ良ければよい、という道ではない。子々孫々にかけて通らせていただこう。さあ、この先には、どんな楽しみなことが見えてくるだろうか。

㊼ 身上に迫り来れば

何程《なにほど》用《よう》があるとて、身上《みじょう》に迫《せま》り来《く》ればどうもなろうまい。めん〱に心定《こころさだ》めにゃならん。世上《せじょう》二《ふた》つの理《り》は無《な》い。よう聞《き》き分《わ》け。どんな人間《にんげん》事情《じじょう》どのくらい。一《ひと》つの理《り》を立《た》てば、二《ふた》つの理《り》は要《い》らん程《ほど》に。これよく聞《き》き分《わ》けにゃならん。

（明治25年4月25日）

信仰の道というのは、世上からいえば、余分のことである。月次祭の参拝、教会行事への参加など、たまの日曜にゆっくりしたいと思っていても、そうはいかない。だから、信仰はめんどくさいなあ、という人もいる。しかし、そうであろうか。

ただ、病気が治ればよいという、ご利益《りやく》信心であるなら、そう思ってしまうのも

一つの理を立てれば、みな治まる

無理はない。でも、この道は病の根を切る教えである。そのためには、心のほこりを払うことを教えられる。決して余分なことでなく、暮らしの根本なのである。

用がある、というのは、人間世上の付き合いや仕事のことを意味する。親神様は、どれだけ用があるといっても、身上、すなわち病気になれば、そんな用は放っておかなくてはならない、といわれるのである。いくら話を聞かせていただき、心を定めても、日が経《た》てば、その心も薄らいで、ついつい、まあいいか、で過ごすようなことでは頼りないことおびただしい。

どんな人間的な事情が、どれほどあっても、一つの理を立てることが肝心である。それさえしっかりと実行していくならば、二つの理はいらんほどに、といわれる。世界の事情と道の歩みとの二つ道を考えなくてもよい、ということであろう。

一つの理を立てる、これが一番大事なことである。これさえできれば、世界の人間的な事情は、いかなるものであっても、みな治まっていくのである。何があっても、どこまでも一つの理を立てきってつとめていくところ、それこそ不思議なご守護が現れてくる。それはどこまでも、おやさまを信じていく道である。

㊳ 人間の力で通れるか

人間《にんげん》の理《り》を立《た》てるから、だん〳〵道《みち》の理《り》が薄《うす》くなる。人間《にんげん》の力《ちから》で通《とお》れるか。道《みち》の理《り》が無《な》けねば守護《しゅご》は無《な》い。

（明治32年6月27日）

人間の思案と神一条の思案。この両者の間を行ったり来たりというのが正直なところである。神様のこと一筋に、教えのままに歩もうとはしているのだが、知らず識《し》らずの間に、自分の都合に合わせて思案していることもある。人間的思案を先に立てていると、当然のことながら神の理が薄くなってくる。しかも、この道は人間的力でできてきた道ではない。だから、人間的力だけで通れるものでないことは明らかである。

どんな事情も親神様の理を頂いてこそ

身上になったとき、それが自らの拠《よ》りどころとなっている身体《からだ》の故障だけに、人に責任を押しつけるわけにもいかない。自らの問題であるから、この身上はなんでやろ、それまでの心遣いはどうであったか、などと考える。ところが、それが事情となると、そのようには考えようとしないことが多い。

すなわち、事情というのは、必ず相手がいる。いいかえれば、事情では人間的力、才能、能力などが表面に出てくる。したがって、人間的力で問題の解決を求めようとする傾向が強い。そこに神様の出番は少なくなる。教えに基づいて思案することを忘れがちになる。

けれども、どんなことも親神様が見せてくださっている。親神様は、たすけてやろうと仰せになっている。それが身上であるか、事情であるかは問題とならない。同じである。

どんなことも神様第一。親神様の理を頂いて――道の理をもって、事に当たっていくことが肝要である。そこに、人間的力ではどうすることもできない事情も、解決の道が見えてくる。鮮やかな親神様のご守護がある。

㊾ 元々掛かりの心になって

月々《つき〲》の理《り》、年々《ねん〱》の思《し》やん、思《おも》い〱の理《り》が間違《まちが》い重《かさ》なり、とんとどうもならん事情《じじょう》になりたる。何《なに》かの処元《ところもと》という、掛《か》かりという。元々《もと〱》掛《か》かりの心《こころ》になって、善《よ》き事《こと》の理《り》は残《のこ》し、悪《あ》しきは互《たが》い〱心《こころ》の発散《はっさん》。この一《ひと》つの理《り》より始《はじ》め掛《か》け。

（明治31年10月16日）

最初から悪《あ》しき心でものごとを進めようとする人はいない。たとえば、最初から離婚しようと思って結婚する人は誰《だれ》ひとりとしていないことを思えば、このことはよく分かるだろう。

にもかかわらず、離婚沙《ざ》汰《た》は増える一方である。最近の統計では、アメリカで、結婚数に対する離婚数の割合が五割を超えている。日本でも急激にその率が上昇し

善きは残し、悪しきは捨てて再出発を

ており、四割近く、三組に一組強が離婚しているといわれる。

それはどうしてなのであろうか。結婚生活を送るうちに、日々の中で、お互いの思いがすれ違い、こんなことくらい分かってほしい、あんなことくらいでと、相手に自らの思いを要求するようになってくる。

また、お互いに幸せになろうと思っていることは同じであるのに、どうも歯車が噛《か》み合わない。いったいどうなっているのか。そうなると、相手がこうしてくれたら、ああしてくれたら、ということになる。そこで、ますます心に葛藤《かっとう》が生まれ、「とんとどうもならん事情」になってしまう。

こうした場合、元一日に立ち返って、その心になることが大切であると教えられている。しかも、ただ単に元の心になるだけではなく、それまでの生活で、善《よ》きことは残し、悪しきことは発散、つまり、すっかり心から離して、忘れてしまうことが大事である。そうした心で、もう一度出発し直すことである、といわれる。

このことは、離婚という問題に限らず、すべての事情についても同じである。お互い、以《もっ》て他山の石とすべきであろう。

⑰ こうと言えばこうになる

あれ一人《ひとり》皆《みな》の心《こころ》にどういうものと事情拵《じじょうこしら》え、それ〳〵心《こころ》の理《り》にて、一寸《ちょっと》いかなる事《こと》となる。一《ひと》つこうと言《い》えばこうになる、あゝと言《い》えばあゝになる。

（明治26年3月11日）

一つの事情が起こるというが、それはたいていの場合、事情になってくるのでなく、そのように事情を拵《こしら》えているのだ、といわれる。

あの人がどうだ、いかんではないか。一つもやろうとしないではないか。また、この人がこうやから、こうなった。私はその人のために善《よ》かれと思ってやったことを、あの人は悪く悪くとるんですよ。いったい、この人は何を考えているのか等々。

そういう考えが事情を起こす元になる。

度重なる事情でも気長く心を込めて

そんなこと言っても、実際そうなんだから仕方がないじゃないですか。何か間違ったこと言ってる？　という声が聞こえてくるようだ。じゃあ、どうすればいいのか。まあ、人間的なレベルの思案では、どうも解決がつかない。

「他《た》に事情見て心得ん」から、やきもきしているから、身上に知らしているのだ。だから、そんなことで案じていてはならない、と仰せになる。

人を導いたり、育てたりする中には、どんな道中もある。「難しい道、怪しい処《ところ》も連れて通らにゃならん」と諭されるのである。

世の中には、いろいろな人がいる。けれども、それを見て不足に思ったり、心を倒していてはならない。そのとき大事なことは、あんなことしてたらこうなるで、などと思わないということである。そう思えば、そうなってくる。だから、より前向きな気持ちをもって、二度三度と重なる事情であっても、気長く、心を込めて通ることが大切である。

親神様にお連れ通りいただき、安心という心をもって、長らえて尽くして、親神様の話を聞かせていただきながら、悟りをもって楽しみの道を歩もう。

⑪ いんねんの理を聞き分け

成《な》ろうと思《おも》ても成《な》らん。しょまいと思《おも》うても成《な》りて来《く》る。これ一《ひと》ついいんねんの理《り》を聞《き》き分《わ》け。なれど、いんねんと言《い》うて了《しま》えば、それまで。いかなるいんねんも尽《つく》し運《はこ》ぶ理《り》によって果《は》たす、切《き》る、という理《り》から思《し》やんもせねばならん。一代《だい》ではない程《ほど》に。末代《まつだい》という理《り》なら、大《おお》きい理《り》である程《ほど》にある程《ほど》に。

（明治30年10月5日）

お互い、この道に引き寄せられてから今日まで、いろいろな道中を通らせていただいてきた。それは何げなく通ってきたのではなく、やはり、身上・事情が現れても、たいていでない中にも、それぞれ心に期するものがあったならばこそである。

末代尽くし運ぶ理によっていんねん切る

そのような中を通ってきても、このたびの重ね重ねの事情を見るとき、天理教を信仰しているのに、いったいどうなっているのや、というような、世間からの思惑《おもわく》を気にしているようだが、いままで通ってきた道を振り返ることが大事である。

人間には、前生から生まれかわって通ってきた心の道がある。それが、いんねんといわれるものである。それは、成ろうと思っても成らず、やめておこうと思っても、してしまうものである。

実際のところをいうと、いんねんというのはよく分からない。目に見えるものでなく、耳に聞こえるものでもない。まして、前生からの、ということになると、なお分からない。しかしながら、成ってくる姿を見れば、おおよそのことは推《お》し量《はか》ることができよう。ものごとは何げなく成ってくるものではない。なれども、いんねんと言ってしまえばそれまでのことで、ここからどうするかが大切である。

すなわち、悪いいんねんを切るには、尽くし運ぶ理によるほかはない。それも、一代ではなく、代を重ねていくという大きな心で通ることが何よりである。そこに、末代治まる幸せを見せていただけるものと思案する。

⑫ 成らん事をせいと言うやない

一寸《ちょっと》聞《き》く。聞《き》けば当分《とうぶん》一時《じ》の処《ところ》に治《おさ》まる。なれど日《ひ》が経《た》ち、月《つき》が経《た》てば忘《わす》れる。めん〳〵勝手《かって》、めん〳〵の理《り》、事情《じじょう》で皆《みな》忘《わす》れる。不足《ふそく》言《い》うやない。成《な》らん事《こと》をせいと言《い》うやない。これまでの道《みち》、めん〳〵皆《みな》通《とお》りたやろ。どうであろう〳〵と暮《く》らして通《とお》りた道《みち》である。よう聞《き》き分《わ》け。心《こころ》に治《おさ》めてくれ。

（明治25年5月14日）

親神様は人間たすけたいといううえから、いろいろなことを見せてくださるのである。事情にしても、身上にしても同じことである。

ところが、事情は目に見える相手がいるだけに、なかなか治まりにくい。相手がこうするから、相手がこうだから、ほんとうは自分はやりたくないけれども、仕方

成ってくることから心振り返り、成人の糧に

なくこうする、という理屈が出てくる。だから治まりにくいのである。こうした事情も、神様の話を聞かしていただいたときは一時治まっているが、人間の常というか、月日が経《た》つとともに、ついそれぞれの勝手、自分の思いばかりが出てきて、結局はみな忘れてしまうことになる。

親神様は、決して成らんことをしなさいといわれるのではない。人間の目から見れば治まりにくいことであっても、これまで通ってきた道を振り返って、そのときはどうであったのか、ということを思案しなければならない。苦労の道中もあっただろう。明日《あす》どうなるか分からん日もあった。それを心一つで通ってきたではないか、と仰せられる。

そのところをよく思案して、聞き分けて、いまの姿を心に治めてくれ、といわれるのである。だから「いかなる理も忘れなよ〳〵。いかなる理も思い出せ〳〵」とお話は続いていく。

お互いに、心低く通らせていただかなくてはならない。いかなることも、成ってくることからわが心を振り返り、成人の糧《かて》とさせていただこう。

㊸ 嬉しい働けば神は守る

修理肥《しゅうりこ》やし足《た》らんと言《い》えば、物《もの》を以《もっ》てと思《おも》う心《こころ》を繋《つな》ぐたんのう。嬉《うれ》しい働《はたら》けば神《かみ》は守《まも》る、という。

（明治31年7月23日）

ある方が死産という出来事に遭《あ》われ、心得までに伺われた。このとき、「さあ身上に掛かる不思議どういう事であったなあ。これは何ぞ知らせ」だと思うであろうと仰せになった。親神様は真にたすけようとされるうえから、身上・事情に知らせて、心のおきどころを諭される。

そのように考えれば、身上も事情も、明日《あす》へと飛躍する手がかりとなって、ありがたいことになる。したがって、お互いはそんなときほど、ありがたいことやなあ、

どんな中も心を親神様に繋ぐ誠真実を

とお礼を申す心が大切である。それから心のおきどころを思案する。これが順序であろう。

人は、先のことを考えて、いろいろと案じ、心悩ませることが多い。もちろん、先のことも考えなくてはならない。しかし、先を案じるばかりでは、身上・事情の元を拵《こしら》えているようなものである。案じたら案じの理がまわる、とも教えられている。心のおきどころのポイントは、ここにある。

先を案じておれば、まず、日々を明るく過ごすことはできない。いつも何か心に引っかかっているという事態になる。そこに、先の楽しみを見いだすこともできなくなる。そうなると、そこのところで心を治めるしかない。それができないから、ついつい目先の楽しみを追ってしまうことになる。それは切り花のようなもので、いつしか枯れてしまうだけである。

根があれば肥をやることもできる。その肥は、物だと思いやすいが、一番肝心なことは、心を親神様に繋《つな》ぐ誠真実である。どんな中にあっても、日々嬉《うれ》しい、ありがたいという気持ちで暮らすことである。すれば「神は守る」といわれる。

74 悪を善で治め

悪《あく》を善《ぜん》で治《おさ》め、たすけ一条《じょう》、千筋悪《すじあく》なら善《ぜん》で治《おさ》め。悪《あく》は善《ぜん》出《で》る処《ところ》の悪《あく》の精《せい》抜《ぬ》けて了《しま》う。

（明治22年2月7日）

悪というのは、一般的に、善に対する言葉として一定の理法に適《かな》わないことを意味する。けれども、何が悪で、何が善かという区別には非常に難しいものがある。それは、その基準になる理法が、時代、文化、社会、また当事者の立場によって異なるからである。

道路をつくるということにしても、道路をつくれば輸送に便利であるし、多くの人がその恩恵に浴する。しかし、道路に面して暮らす人にとっては、排ガス、騒音

親の心と同じ地平に立てば悪が悪でなくなる

などによる被害をこうむるわけで、道路は悪に等しい。

私たちの信仰からいえば、親神様の思いが究極的な判断基準になるが、それとても、その線引きは微妙である。人間の行為そのものをもって判断されるのでなく、その時、その場合の人間の心のはたらき、その心の向きが問題とされるからである。

このお言葉は、本部にいいがかりをつけ、無心に来たことに対するものである。もちろん、いいがかりをつけにきた乱暴者のことを悪と仰せになる。その悪を、善で治めよといわれる。すなわち、悪であるとして断罪してしまえば、それは悪であるが、その者の心が気の毒である。また、親神様から見れば、同じ可愛《かわい》い子供同士であるとして、事に対処するところに、治まる道も見えてくる。たすけ一条とは、まさに、こうした視点をもつところに展開されていくのであろう。

いうならば、親神様の心と同じ地平に立つことである。そこに、悪となることも、人も、悪の精が抜ける。悪は悪でなくなるのである。

具体的には「所を変えて優しい心を治め、……心あれば荒い言葉も使うまい〳〵」と仰せになる。

㊻ 何も不自由無いから

これなればこう、有難《ありがた》いと思《おも》う中《なか》に、どうなるや知《し》らん、眺《なが》めて見《み》ればこう。可愛《かわい》ければ可愛理《かわいり》を運《はこ》べ。何《なに》も不自由無《ふじゆうな》いから、いつ〳〵までの理《り》を計《はか》りて居《い》るから、速《すみ》やか心《こころ》の理《り》が解《と》けんから、身上解《みじょうと》けん。可愛《かわい》ければ可愛理《かわいり》を運《はこ》んでやれ。

（明治27年6月13日）

何か事が起こったとき、ついつい、あれがこうだから、いや、こうだからああなんだ、というような知恵を働かせる。もちろん悪いことではない。ある意味では、大事なことでもある。また、ありがたいという気持ちもある。その中に、どうなるや知れんなあ、と眺《なが》めて、こうではないか、などと考えてしまう。いうなれば、手をこまねいている状況である。

大きな心で成人の道へ一歩を踏み出す

こうしたことに対して、親神様は、何も不自由がないからだ、と仰せられた。不自由なき結構な日々にあると、身上になったからといって、多少のことでは、あたふたすることもない。よくいえば、ゆったりとものごとに対応する場合が多い。けれども、いつまでも、これはどういうことなのか、と考えているだけでは、どうにもならないであろう。そこに自らが一切の思案を横において、親神様の思いに沿っていくことが大切であることを指摘されている。

それを、「速《すみ》やか心の理が解けんから、身上解けん」といわれるのである。大きな心になって、旬の理を思案し、成人の道へ一歩を踏み出すことである。神様の御用で、気になっていることを実行に移すことである。「可愛《かわい》ければ可愛理を運んでやれ」とは、目先の可愛さにとらわれるのでなく、ほんとうの意味での可愛さ、将来を見据《みす》えてたすかる道を歩むことである。

いろいろな節目、とくに教祖《おやさま》年祭の旬は、たすけてやりたいとの親神様の思いがいっぱい詰まっている旬である。この旬をはずすことなく、一歩一歩確かな道を前進、である。

㊻ いんねんとさんげ

一寸《ちょっと》踏《ふ》ん張《ば》らねばならん。道《みち》に入《はい》って年々《ねん〳〵》内々《うち〳〵》治《おさ》まり、これまでこれまで知《し》らず〳〵事情《じじょう》いんねんの為《な》す事《こと》、これ聞《き》き分《わ》け。生涯《しょうがい》の事情《じじょう》、いんねんとさんげ。たんのうは真《しん》の誠《まこと》より出《で》る。

（明治26年10月26日）

お互いに、信仰の道を歩ませていただいて、だんだんと身上や事情が治まっていくご守護を頂いている。その中にも、時として、熱心につとめさせていただいているにもかかわらず、身上になったり、事情に巻き込まれたりもする。

そんなときこそ、親神様の思いを思案しながら、踏ん張らなければならない。踏ん張るとは、こけないように足に力を入れるさまをいう言葉であるが、転じて、譲《じょう》歩《ほ》しない、自説をまげない、さらには耐える、こらえるの意がある。とするならば、

生涯にわたるいんねん自覚とさんげを

ともすれば身上・事情の中でくずれ落ちそうになる気持ちをこらえて、どこまでも親神様の教えをもとにした思案をしていくことの意になるだろう。

しかも、「身の内どうも不足なると思う処《ところ》、事情これまでだんだん尽《つく》す運ぶ」と仰せになるように、だんだんと尽くし運んでいるにもかかわらず、なんでかいな、という思いがするときは、それは知らず識《し》らずのいんねんのなすことである、と教えられる。

ほんとうにたすかる道は、生涯にわたって、いんねんの自覚とさんげが不可欠である。そこに、たんのうができるようになるのである。

神様は、それこそが「真の誠」である、と仰せになっている。逆に考えたならば、たんのうができるには、いんねんの自覚とさんげがなければならない、ということになる。そのためには、ただただ神様のいわれるように歩むしか道はない。

でも、凡人にとっては、いらぬ人間思案が出てきて、それがなかなか難しい。だからこそ、その心を「真の誠」といわれるのであろう。心が真の誠になれば、いかなる願いも、神様のはたらきを頂戴《ちょうだい》して実現するのである。

⑦⑦ 他人を寄せて兄弟一つの理

神《かみ》が表《おもて》へ出《で》て珍《めずら》しいたすけをする。皆《みな》他《た》人《にん》と言《い》う。他《た》人《にん》を寄《よ》せて兄弟《きょうだい》一《ひと》つの理《り》。神《かみ》が日《にち》〳〵使《つこ》うて居《い》る。神《かみ》が支配《しはい》をして居《い》るやこそ治《おさ》まってある。

（明治27年3月5日）

病気や事情で悩む人に、親神様がはたらきを現して珍しいたすけをしてくださると、次々と人がたすけを求めて寄って来るようになる。その寄って来る人たちは、人間の目から見れば、みな他人同士である。けれども親神様からいえば、そこには兄弟の理がある、といわれる。

それを「道の理から聞き分けるなら、兄弟々々の中の兄弟、退《の》くに退かれん、切るに切られんいいんねんとも言う」と仰せになるのである。

道の御用は兄弟の中の兄弟という理で

この道にお引き寄せいただいた者として、お互いは、実の兄弟よりも深い絆《きずな》に結ばれた、兄弟の中の兄弟なのである。離すに離れない、切るに切れない関係がある。このことを自覚しなければならない。

兄弟なら、たすけ合って通ることが一番大事となる。しかも、それは親神様の思《おぼし》召《めし》一つに繋《つな》がった、親神様の御用に使っていただいてこそ、兄弟としての値打ちが出てくるのであり、真に治まってくるのである。

このお言葉は、子供の目が塞《ふさ》がってくる病気に対してのものである。子供の目を通して、親の心のあり方を教えられた。他人だと思うから、愚痴《ぐち》や不足も出る。道の御用は、兄弟の中の兄弟という理をもって、その心でつとめさせていただくことを仰せになったのである。

さらに「ずつない事はふし。ふしから芽を吹く。やれふしや〳〵、楽しみやと、大き心を持ってくれ」と、私たちが人生のふしに出合ったときの心の持ち方を指示くださっている（「ずつない」とは、疲れる、すべがない、つらい、苦しい、切ないなどの意をもった方言）。

⑱ 早く救からにゃならん

人々《にん〳〵》事情諭《じじょうさと》しても、一《ひと》つも諭《さと》し合う事《や》も無《こと》く、喜《な》ばす事《よろこ》も無《こと》く、《な》どうして居《い》るのや。身《み》の障《さわ》り〳〵という。早《はや》く救《たす》からにゃならん、救《たす》けにゃならん。これは教《おしえ》の理《り》。よう聞《き》き分《わ》け。

（明治31年5月17日）

お互いに、たすかりたい、たすからにゃならんと、思っていることは思っているのであるが、なかなかたすからない。どうなっているのかと思う。親神様がいろいろと、たすかる術《すべ》を、ああだこうだと諭してくださっているのに、人間というものは、ついついあちらで「こうだ」といわれれば、そうかいなあ、と思ってしまったり、また、こちらで「ああだ」といわれれば、そうかな、と思ってしまうのである。

互いに諭し合い治め合いを

親神様の仰せになっていることを、疎《おろそ》かにしていることにさえ気がつかず、どうしたものかと考える。そして、これだけ信仰しているのに、と思ってしまう。けれども親神様からすれば、それはたすかろうとしている姿ではないし、また周りの人も、なんにもいわずに、たすけようともしない姿である、といわれる。

ほんとうにたすかるには、ただただ親神様のいわれたことを心において、互いに諭し合い、それを実行していくことである。おさづけの理を拝戴《はいたい》したあとの仮席で、よふぼくとしての心得というべき「おかきさげ」を頂いているが、その中に「互い扶《たす》け合いというは、これは諭す理」といわれている。つまり、諭し合いとは、おやさまから聞かせていただいた話を諭していく、それをまた人に伝えていく、ということである。教理の取り次ぎ合いといってもよい。そうしたことをせず、また喜ばすこともなくて、なんの兄弟か、ということであろう。

それは何も難しいことではない。難しくしているのは、銘々の心、わが身可愛《かわい》い心である。「互い〳〵治め方取り決め方運んでこそ救《たす》ける理、又《また》救かる理とも言う」といわれるのである。

⑲ たすけ一条で救ける救かる

所々《ところ》〳〵国々《くに》〳〵遠《とお》く所《ところ》までもたすけ〳〵、たすけ一条《じょう》で救《たす》ける救《たす》かる、というは皆《みな》説《と》いたる。早《はや》く〳〵それ〴〵皆《み》んな早《はや》く〳〵の心《こころ》に成《な》って、何《なん》でも彼《か》でも治《おさ》めにゃならん、治《おさ》まらにゃならん。所々《ところ》〳〵にては、それ〴〵心《こころ》の理《り》を以《もっ》て、早《はや》く救《たす》け下《くだ》されという願《ねがい》をして、治《おさ》め。

（明治27年7月30日）

このお言葉は、戦争が勃発《ぼっぱつ》したことに伴い、出征軍人の健康祈願に対して下されたものである。

この道では、近い所、遠い所を問わず、たすけ一条――おつとめをもって、たすけに向かっている、ということを説いている。だから、この戦争という事情を一刻

真実込めて一生懸命に願い勤める

も早く治めなくてはならないという気持ちをもつことである。それは、つとめを勤《ごん》修《しゅう》する心になることである。そこで、地方にあっては、早くたすけてください、つまり戦争の治まりというご守護を願って、おつとめをすることをいわれたのである。

願いは出征軍人の健康祈願であったが、親神様は、もっと大きな視野から戦争の治まりという願いを指示されたのである。戦争の治まりということは難しい。けれども、あんな大事件が、私たちの真実を込めたおつとめによって早く治まったなあ、ということになるようにしなければならない。

このおさしづから気がつくことは、私たちも親神様にいろいろなお願いをするが、必ずしも人間の思惑《おもわく》通りには受け取ってくださらない、ということである。けれども、そのことに対して親神様に不足をしたり、疑ったりしてはならない。なぜなら、成ってきた姿は人間の願いや思いよりも、もっと大きな視野から、ほんとうにたすかるように、親神様がはたらいてくださっているからである。

私たちにできることは、真実込めて、一生懸命に願い勤めることである。成ってくる理を楽しんで通ろう。

⑳ 教祖事情

教祖事情《おやさまじじょう》という容易《ようい》ならん理《り》であったで。よう聞《き》き分《わ》け。どんな艱難《かんなん》もせにゃならん、苦労《くろう》もせにゃならん。苦労《くろう》は楽《たの》しみの種《たね》、楽《たの》しみは苦労《くろう》の種《たね》、と皆聞《みなき》いて居《い》るやろう。

（明治39年12月6日）

「教祖事情《おやさま》」とは、月日のやしろとおなりくだされてから、貧のどん底の道をお通りくだされたこと。また、人々や官憲が、おやさまのお話に耳を傾けず、かえって狐憑《きつねつ》き、気の間違いよと言って、あざけりそしったこと。さらには警察への拘引《こういん》、留置という中、子供可愛《かわい》い、たすけたいばかりのお心で、世界一れつの人間を残らずたすけ上げたいと歩んでくださったことを指す。

容易ならぬ理を聞き分けていく

その道中は「ひながたの道」といわれ、ひながたを辿《たど》ることが強調されるが、それは決して形だけ真似《まね》することを求められるものではない。大事なことは、いろいろな事柄の中に流れる、おやさまのお心である。

それは容易ならない理であり、そのことを聞き分けていくことが大事だといわれたのである。

道を通らせていただくには、ふつうの社会生活に加えて、いろいろな苦労が伴う。それは、貧乏するとかというようなことではない。たとえていえば、月次祭に会社を休んで参拝するということだって、勤め人にしてみれば、時によっては自らの死活問題ということにさえなるだろう。身の苦労、心の苦労である。

「どんな艱難《かんなん》もせにゃならん、苦労もせにゃならん」といわれる。そんな苦労をするのやったら、信仰なんてしたくない、という人もいるかもしれない。けれども続いて、「苦労は楽しみの種、楽しみは苦労の種」と言葉を添えられている。

楽しみの心をもって、ふしがあれば、なお勇んで通らせていただくところ、陽気づくめの世界が見えてくるのである。

にをいがけ・おたすけ

㉛ どんな者も皆寄り来る

さあ〳〵どんな者《もの》も皆《みな》寄《よ》り来《く》る。めん〳〵我《わ》がものと思《おも》うて、花《はな》の色《いろ》匂《にお》いを取《と》る心《こころ》が世《せ》界《かい》では分《わ》からんで。匂《にお》い取《と》り兼《か》ねる〳〵。人《にん》間《げん》心《ごころ》の色《いろ》はどうもならん。

（明治21年7月17日）

夕暮れどき、焼き鳥、焼き肉などの匂《にお》いにつられて、つい一杯。暑い夏には、またビールがそれによく合う。ふと、いい香りがして、近づいていくと、きれいな花が咲いていた、ということもしばしばある。

匂いというものは、それほどに人の心を引きつけるものだといえるだろう。いい匂いのするところに人が寄って来る。布教することを「にをいがけ」という。まこ

おのずと人が寄る匂いがする人に

とに言い得て妙《みょう》なる表現である。

ただ、匂いというものは、本来的には「かける」ものでなく「かかる」ものであるということを思うとき、布教が「にをいがけ」といわれるのは、どこまでも親神様の匂いを感じてもらうということになるだろう。

人それぞれに匂いがある。いい匂いを発している人もいれば、そうでない人もいる。私たちは、お道の匂いを発しているだろうか。

二代真柱様は、天理教の教えは何かと尋ねられたら、私を見てください、と言えるようになってほしい、といわれた。そんな人は、お道の匂いがいっぱいすることだろう。というより、見た目は変わらなくても、どこか発するものが違う。なぜだろうと尋ねていけば、お道の人であった、というほうが、奥ゆかしくていいかもしれない。

ただ、人は、自分の匂いはなかなか分からないものだ。人間心という匂いを取ることを忘れてはならない、といわれている。どこまでも親神様の教えに基づいた匂いがするお互いになりたい。おのずと人が寄って来るような匂いがする人に。

㊷ いつ〳〵までのにをい

一時《じ》のにをいというは、消《き》え易《やす》きもの。深《ふか》き事情《じじょう》、心《こころ》の理《り》というは、いつ〳〵までのにをいという。

（明治25年7月4日）

人間がものごとを理解するうえで、見るという働きは大きな力である。よく「百聞は一見に如《し》かず」というが、たしかに百回聞くより一回見ることのほうが、よほど確かである。

といって、聞くことを疎《おろそ》かにするわけにはいかない。目に見えない大切なものがあるからである。人の心などは、そうである。その人の行動や発言から、つまり、見るだけでなく、聞くことの中に推測することができるからである。

また、五感には触覚、つまり触れてものごとを確かめるということもある。嗅覚《きゅうかく》、

神様の御用をつとめる中に身につく

匂いもまた五感の一つであるが、見えるものでなく、形がないから触ることもできない。しかも一時のものなら消えてしまって、なんだか頼りないように思えること甚《はなは》だしい。

けれども、確実にそれを感じることはできる。どこからか肉を焼く匂いがしてくると、空腹の胃を刺激する。お好み焼き、焼きそばもしかりである。しかし、いい匂いならまだしも、悪臭となると、これは遠慮したい。頭が痛くなる。時には嘔吐《おうと》感さえ催すことになる。いくら見た目が美しく、豪華な食卓を囲んでも、腐敗臭のするところでは、そこから逃げ出したくなる。

にをいがけとは、あくまで神様の匂いを伝えることである。すれば、まず神様の匂いを自らの身につけることが不可欠であろう。それは、神様の御用をつとめさせていただく中に身についてくるものである。香水を振りかけるようなわけにはいかない。それは一時のものにすぎない。

これもあれも神様のおかげと、結構結構と日々に喜びをもった心で通るところに「いつ〳〵までのにをい」となる。

㊳ 天より付き添うて居る

何《なん》ぼ尋《たず》ねられても、おめ恐《おそ》れは一《ひと》つも要《い》らん。付《つ》き添《そ》うて行《い》くものある。付《つ》き添《そ》いは誰《たれ》がするか。天《てん》より付《つ》き添《そ》うて居《い》る。こういう道《どう》理《り》であると、何《なに》を言《い》われても逆《さから》う事《こと》要《い》らん。逆《さから》わずして、この心《こころ》持《も》って通《とお》るなら、何《なに》もおめ恐《おそ》れは一《ひと》つも要《い》らん。

（明治35年8月10日）

道を伝えていく心得について、お話しになったものである。いいかえれば、布教というか、丹精の心得である。

話を伝えていくとき、あれも言わなければ、これも伝えなくてはと思っても、相手の立場や様子を考えると、つい遠慮してみたり、伝えるべきことを伝えずに終わってしまうことがままある。

どんな相手でも、ひるむことは一つもない

こうした場合、まず相手に満足してもらうことが大事であり、それが道である、といわれる。そして、もう一つは、我《われ》さえ良くばよいというようなことでは駄目《だめ》である。それでは真の兄弟とはいえない、と仰せになっている。こうしたことを聞き分けて、心に治めていくならば、そこに同じ水が流れることになって、伝えるべき話が伝わっていくのである。

さらには、相手に満足を与えるには、物をもってどうせいとは言わない。また、そのようにはできるものではない。いろいろと尋ねたり、なんだかんだと言う人もいるけれども、それに対して、同じように、ああだ、こうだと言っていても、なかなか治まるわけではない。

親神様の話を伝えようとする者には、天より付き添いがある。おやさまがついていてくださるのだ、ということを忘れてはならない。だから、相手が何を言うても、それに逆《さか》らうことはいらんのである。この、おやさまがついてくださっている、ということを心に治めていくならば、どんな相手にでも、気後れしたり、ひるんだりすることは一つもない。まことにありがたい仰せである。

84 一人の精神の事情あれば

にをいがけという。古《ふる》き諭《さとし》にある。一人《ひとり》の精神《せいしん》の事情《じじょう》あれば、一国《こく》とも言《い》う。

（明治25年5月28日）

このお言葉は、村人が「村方の付き合いと言うて信仰を止《や》める」と悩んでいることに対するものである。

教えを広めていこうとするとき、いろいろな障害がある。周りからの反対を避けることはできない。にをいがけに行って「そうですか、話を聞かせてください」「なるほど、それでは天理教を信仰しましょう」などということは、まずない。ほとんどは「結構です」「いま忙しいから」などと、お断りになる。時には「もう来るな」

一国中に教えを広めることも難しくない

とまでいわれる。

そんな中、やっと話を聞いてくださるようになってくる。とたんに、それまで知らんふりをしていた人が、村付き合いを理由に、邪魔をしてくる。よくあることである。

「古き諭《さとし》」とは、おそらく明治二十年四月三日のおさしづを指していると思われるが、そこでは「常々に真実の神様や、教祖《おやさま》や、と言うて、常々の心神のさしづを堅くに守る事ならば、……後とも知れず先とも知れず、天より神がしっかりと踏ん張りてやる程に」との仰せである。

大事なことは、布教するその者の心である。どこまでも親神様、おやさまに心を寄せ、神の指図を堅く守っていく心でなければならない。それを「一人の精神の事情あれば」といわれるのである。そうすれば、神が自由自在にはたらきを見せて、一国中にでも教えを広めることだって難しいことではない、といわれた。また、「暗い所は通さん」ともいわれる。

にをいがけは「重々の理が積む」のである。さあ、勇んでかかろう。

㊿ 待って居るから一つの理も伝わる

わしがにをい掛《か》けた、これは俺《おれ》が弘《ひろ》めたのや、と言《い》う。これも一《ひと》つの理《り》なれど、待《ま》って居《い》るから一《ひと》つの理《り》も伝《つた》わる。

（明治25年6月4日）

にをいがけに出させてもらっても、容易ににをいは掛からない。おそらく皆さん方も、そんな経験をお持ちではないだろうか。

ある意味では「わしがにをい掛けた」「俺《おれ》が弘《ひろ》めたのや」と、一度でも言ってみたいなあ、と思わないこともない。それは、にをいが掛かるというご守護を頂きたい、という気持ちからである。単なる自己顕示欲ではない。ここのお言葉から明ら

親神様が「ここまで」と待っていてくださる

かなように、親神様のおはたらきを頂いたならばこそ、ということは十分承知しているのであるが……。

わしが、俺が、ということも「一つの理」と仰せられることを思案すると、にをいが掛かるのも、掛からないのも、神様のおはたらきだと、いかにも悟ったような気持ちでは、どうでもにをいを掛けるんだという勢いに欠けているのではないか。結果からいえば、パンフレットの配布に終始しているという現実に、言うべき言葉は見当たらない。

また、「待って居《い》るから一つの理も伝わる」のであるから、にをいが掛からないのは、親神様が「ここまで」と待っておられる所にまで行っていない、ということでもある。どちらにしても、迫力と勢いがない証左である。

先人が一日にをいがけに回って、もう終わりにしようと思ったとき、いや、もう一軒だけでも、と思い直して、次の家に入ってにをいが掛かった、という話を聞く。まさに、親神様は待っていてくださったのであろう。

これは私の反省でもある。

⑧⑥ 論は一寸も要らん

論《ろん》は一寸《ちょっと》も要《い》らん〳〵。論《ろん》をするなら世界《せかい》の理《り》で行《い》け。神《かみ》の道《みち》には論《ろん》は要《い》らん。誠一《まことひと》つなら天《てん》の理《り》。実《じつ》で行《ゆ》くがよい。どんな高《たか》い所《ところ》でも入《い》り込《こ》んで、さあ〳〵世界《せかい》の往還《おおくわん》一寸《ちょっと》の理《り》を知《し》らし置《お》こう。

（明治22年7月26日）

世間には自分の理屈だけで事を進めようとする人がいる。そういう人は得てして、自分の理屈だけが正しいとして自己主張が強い。

でも、親神様は「論は要らん」と仰せになる。この道は「誠一つ」「実で行く」のであると教えてくださる。理屈で説き伏せても、そのときは、そうやなあ、ということになっても、それだけで人の思いを変えることはできない。

誠と実をもって伝えていく道

理屈で負けたら、仕方がないから一応は引き下がり、諦《あきら》めもするであろう。けれども、決して心の底から得心はしない。

そこで何が大事かというと、それは銘々の誠の心、真実の心である。相手にどうでもたすかってもらいたいと思う心である。それは理屈抜きに、心に直接響いていく。だから、相手がどのような立場の人であっても伝わっていく。

また、大きな心で相手を抱きかかえる、親の心になることである。その心が伝わっていくところに、相手の心も変わる。

親神様の話を伝え、人さまに変わっていただくには、難しいことも多い。けれども誠の心、真実の心で、どこまでも根気よく伝えていくならば、きっと相手にたすかっていただくことができる。人の心が変わるのである。

この道は、論を言い合う道ではなく、親神様の話を、誠と実をもって伝えていく道である。親神様の思いを談じ合い、ねりあう道である。そこに、どんな高い所にでも親神様が入り込んで、この道が広まっていく、と仰せになる。誠と実をもって、つとめさせていただこう。

⑧⑦ 日々という、言葉一つという

いんねんというは面倒《めんど》いなる者《もの》も寄《よ》せる寄《よ》せる。皆《みな》運《はこ》ばすも同《おな》じ理《り》、出《で》て救《たす》けるも内々《うち〱》で救《たす》けるも同《おな》じ理《り》、いんねんならどんな者《もの》もいんねん。……日々《にち〱》という、言葉《ことば》一《ひと》つという、これ聞《き》分《わ》けてくれるよう。

（明治26年6月19日）

人のお世話をさせていただくことは、たいへんである。それを喜びとする人は、そんなに多くはいない。人は必ずしも自分の思うように動いてくれるわけではなく、こちらの都合など、お構いなしのこともある。時として言うことを聞かないし、嫌《いや》なこともする。だから、人の世話は面倒だと思ってしまう。こうした気分は、人のことなど構っていられないとする現代社会において、ますます強くなってきている

日々の心遣いが言葉に表れてくる

のではないだろうか。しかも、テレビゲームの影響かどうか分からないが、人とのコミュニケーションがうまくとれない人も増えているという。

けれども、周りにいる人、寄って来る人は皆、いんねんからそうなってきている、といわれるのである。外におけるだけが人だすけではない。内においても、人の世話をして、たすけていくことが大切なのである。外も内も同じ理であると仰せになっている。その場合、日々のあり方、心の持ち方が大事になってくる。それは、ちょっとした言葉に、その人の心遣いが表れてくるからである。だから「言葉一つ」といわれる。

いくら一生懸命にやっていても、「言葉一つによって、せっかく世話をしながら、それらが無に帰すことにならないよう、お互い心したいものである。

面倒やなあ、という気持ちはもたず、大切に思ってつとめるところに、「世界からどういう大きい事に成るやら知らん」と、大きなご守護の世界が見えてくることを教えられている。

どんなことも他人事と思わず、勇んでつとめさせていただこう。

㊽ 聞かさにゃならん

いか程年長《ほどとした》けたるとても、どんな話《はなし》も聞《き》かさにゃならん。心《こころ》にいゝゝゝかりもの・かしものの理《り》も伝《つた》え、生《うま》れ更《か》わり出更《でか》わりの理《り》も、さあ〳〵長《なが》き〳〵道《みち》すがらの理《り》も、聞《き》かさにゃならん。心《こころ》に治《おさ》めさゝねばならん。

（明治22年7月29日）

このお言葉は、ある方の祖母が病気になられたときのものである。その方は、祖母は老齢であるし、神様の話をしても、かえって負担になるのではないか、と思われたようである。しかし親神様は、相手がいくら年をとっていても、きちんと話を伝えるように指示されている。

先日、人に会うために、ある病院を訪ねた。そのときの看護助手の、とくに老齢

人間は等しく老いも若きも可愛い子供

の人に対する言動が見苦しかった。「分かってるの？　ちゃんと歩けるか？　電話は十円玉やで、百円玉と違うで」等々、まるで小ばかにしたもの言いである。おそらく、何度言っても同じ間違いをするから、その人はそのような言い方になったのであろう。それにしても、である。

たしかに、年がいくと物忘れがひどくなる。また、間違ったりすることも多い。けれども、そこに長年生きてきた人に対する尊敬の気持ちが一つも見られないように感じられるのである。戦争、敗戦、食べるに事欠く激動の中、必死に働いて今日の繁栄のもとを築いてこられた人生の先輩である。もう少し、人間としての尊厳を認めた態度が必要であろう。

おさしづを伺われた方は、決して祖母をないがしろにしようとされたのではない。むしろ、その逆である。しかし親神様は、かしもの・かりもの、生まれかわりの教理、おやさまの道すがらを話すよう仰せになった。そこに、来生をも見つめられる親神様の、なんともいえない親心を窺《うかが》うことができる。人間は等しく、老いも若きも、みな親神様の可愛《かわい》い、大事な子供なのである。

⑻⑼ 十分話の理を聞かし

今年《ことし》出《で》けにゃ来年《らいねん》、来年《らいねん》で行《い》かにゃ又《また》明《あ》けてからという。よう聞《き》き分《わ》けにゃならん。成《な》るよ行《い》くよの理《り》という。無理《むり》な理《り》は成《な》り立《た》たんという。今年《ことし》で行《い》かねば来年《らいねん》というが、天然《てんねん》の理《り》という。……十分話《ぶんはなし》の理《り》を聞《き》かし、真実精神《しんじつせいしん》の理《り》を積《つ》むという。積《つ》んでから運《はこ》ぶが天然《てんねん》という。

(明治31年4月4日)

このお言葉は、ある事情に対してのものである。事情というものは、相手がいるだけに、なかなか心が治まりにくい。あの人がこうやから、この人がこんなことをするから、というように、成ってきた事情を相手のせいにしてしまうことが多いか

相手を説得しようと無理してはならない

らである。

こうした事情を解決するには、ただ一時の思い立ったことだけで治めようとしてはならない。つまり、「一時思い立った理はその場は治まる。なれど、いつ〳〵の理とは言えようまい」といわれるのである。

解決を急ぐあまりに、その場しのぎのようなことではいけない。大切なことは、順序を追って、親神様の話を十分に聞かして、相手を得心させることである。それが「真実精神の理を積む」ことになると指示されているのである。

相手のもとに足を運び、話を十分に聞かして、こうした真実を積み重ねることが、問題の根本的な解決に結びついていくのである。

その場合、成るよう行くよう、今年できなければ来年というように、大きな視野をもって事を進めることが大事であると、あらためて強調されている。

自分の言うことに間違いはない、正しいことであるからと、性急に相手を説得しようと無理してはならない、といわれる。

この道は天然自然の道なのである。

⑳ 修理肥を出すは元にある

修理《しゅうり》肥《こえ》はどういうもの。世界《せかい》から修理《しゅうり》肥《こえ》を出《だ》すか。修理《しゅうり》肥《こえ》を出《だ》すは元《もと》にある。修理《しゅうり》肥《こえ》を出《だ》す。花《はな》が咲《さ》く実《み》がのるは、何処《どこ》からのるか。皆先《みなさき》にのるのや。元《もと》は修理《しゅうり》肥《こえ》何人《なんにん》ある。日々《にち〱》治《おさ》め方《かた》一《ひと》つの理《り》は肥《こえ》である。

（明治31年7月25日）

「修理肥」とは、農作業にかかわる言葉である。田の修理（手入れ）をする、肥をやる。こうしたことを修理肥といわれる。また、おふでさきに「しゆりやこゑにいしやくすりを」（九号11）といわれていることは、よく知られている。

神様の話を伝えて、たすかっていただく

医者や薬は、病気を治す大きな力となるものであるが、それはあくまで、修理や肥のはたらきでしかない。根本的なたすけは、親神様のおはたらきを頂くところにある。

私たちは、病で苦しんでいる人や事情に悩んでいる人に、親神様の話を伝えて、たすかっていただくという役割を担っている。この修理肥の元は、ぢばの理にあるので、お互いはそれを受けて、ただただ人さまにたすかっていただきたい、という真実の心でつとめることである。

親神様の話を伝えるという修理肥によって、それを聞き分けた人々の人生が花咲き、実がみのるという姿になる。もちろん、自らが日々をどういう心で通るか、つまり種蒔《ま》きが、さらに大切なこととなる。いくら修理肥といっても、種のないところには意味をなさないからである。

そして、その日々の治め方が肥にもなる、といわれる。「にをいがけ」「つとめ」「さづけ」が大事なのは、このことのゆえである。いらぬ人間思案は肥にならない。だからこそ心一つで、どんなご守護も頂けるのである。

⑨元は散らぬ

元《もと》一《ひと》つの理《り》というは、風《かぜ》吹《ふ》けば散《ち》る。根《ね》はそのまゝ。枝《えだ》という、花《はな》という、俄《にわか》に風《かぜ》吹《ふ》けば散《ち》る。元《もと》は散《ち》らぬ。元《もと》より出《で》ぬものは無《な》い。新《あたら》しものは枝《えだ》折《お》れ易《やす》い、散《ち》り易《やす》い。

（明治22年10月10日）

桜の季節は短い。盛りを過ぎたら、すぐに葉桜である。聞くところによると、サンフランシスコ近郊では、一カ月ほど咲き続けるという。気候の違いからだろうが、桜好きの人にとっては、なんとも羨《うらや》ましい話である。

雨が降ったり風が吹いたりすれば、花は散ってしまう。まことにはかないというほかはない。さればこそ、愛《いと》しさも倍するのであろう。

人間・世界の元を具現化した「つとめ」

人は美しい花に心を奪われる。が、その幹や根を見る人は、樹木の専門家は別として、そういないだろう。花を見て、この花も根があればこそ、などと考えることは、ほとんどない。花の咲き具合、あるいは葉の色艶《つや》などを見て、初めて根や幹に目がいく。肥料が足らない、病気ではないか、などと思うことになる。

それほどに、私たちは形に表れた物や事だけを相手に暮らしを営んでいる。けれども親神様は、それだけではいかんぞ、と仰せになる。人も病気になって初めて、親神様のおはたらきに思いを寄せるが、何ごとも元が肝心である。元に心を寄せて暮らすことを、お教えくだされている。元に心を寄せるところに、さらに素晴らしい花が咲き、実がみのるという姿をお見せいただける。

人間・世界の元は、人間を創造くだされた親神様の「人間に陽気ぐらしをさせてやりたい」という思いに発する。それを具現化したものが「つとめ」である。しっかりと「つとめ」に心を寄せ、励ませていただこう。

私たちは人生を陽気に明るく歩もうとする専門家である。形だけにとらわれず、いまこそ元を見つめ、喜びをもって、人にその元を教え伝えさせていただこう。

㊾ たすけ一条は天然自然の道

さあ〳〵たすけ一条《じょう》は天然自然《てんねんしぜん》の道《みち》、天然自然《てんねんしぜん》の道《みち》には我《わ》が内《うち》我《わ》が身《み》の事《こと》を言《い》うのやないで。天然自然《てんねんしぜん》の道《みち》は、長《なが》らえて長《なが》く通《とお》る事《こと》が、天然自然《てんねんしぜん》と言《い》う。天然自然《てんねんしぜん》の道《みち》通《とお》るには、難儀《なんぎ》な道《みち》を通《とお》るので、先《さき》の楽《たの》しみと言《い》う。

(明治21年8月17日)

「たすけ一条」とは、人間をたすけて陽気ぐらしをさせてやりたいという親神様の思いを心に、道を歩んでいくことである。

人間誰《だれ》しも、病気で苦しんでいる人を見れば、気の毒やなあ、という気持ちが湧《わ》いてくる。そう思える心がある限り、なんとか元気になってもらいたいと願うのも、

まず、人さまにたすかっていただきたい

また自然な心であろう。その心が「たすけ一条」につながる基盤となる。

おやさまがお教えくだされたたすけ一条の道は、「天然自然の道」と仰せになる。この天然自然という道の角目《かどめ》として、①「我が内我が身の事を言うのやない」、②「長らえて長く通る事」の二点をお話しになっている。

人間誰しも、自分ほど可愛《かわい》いものはない。人がけなされていても、そうかいな、で済ますことができるが、わがことになれば、そういうわけにはいかない。そこに、おのずと温度差がある。けれども、たすけ一条の道では、わが身のことをいうのやない、といわれる。これが一番難しい。わがことをおいても、まず、人さまにたすかっていただきたいとの心が大切なのである。それも、目先のことだけにとらわれず、長らえて通ることである。

しかも、天然自然の道を通るには、わが身のことを構わずに、ということであるから、当然それは、人間的な意味での難儀な苦労の道中にもなる。その難儀な道を通るので、先の楽しみがある。「今十分の道通るのは先の縺《もつ》れと成るのやで」とお話しになる。

㊈たすけ何故無い

一時《じ》救《たす》けにゃならん。救《たす》けにゃならんのに、たゝすけ何故《なぜ》無《な》い。善《よ》き理《り》ばかり通《とお》りて居《い》る者《もの》ばかりではならん。

（明治26年8月3日）

相手にたすかってもらいたいと願い、幾度も足を運んでいるのに、たすかってもらえない。このようなことは、道を歩む道中にいくらでも体験する。なんでたすからないのだろうかと、ふと思うこともある。その場合、相手がこうだからたすからないのだと、ついつい人のせいにしてしまいがちである。あるいは、これだけ一生懸命しているのに、なんでこんなことに、と思う日もないとはいえな

安穏と暮らす者には珍しいたすけはない

い。「なんで」の連発である。

このお言葉は、雨乞《あまご》いの願いについてのものであるが、「雨が降らん〳〵。どれだけどうしても、祈禱《きとう》しても自由《じうよう》ならん」との一節に続いていわれた。

次の八月四日の、同じく雨乞いの願いに対するお言葉に、「自由は日々にある。何故《なぜ》と言う。日々に皆心の理にある。雨止めるやない。雨あたゑと言う」といわれていることからすると、「善き理ばかり通りて居《い》る者ばかりではならん」とは、結構な日々を安穏《あんのん》と暮らしている者には珍しいたすけはない、ということであろう。

親神様からすると、雨を止めているのではなく、雨は与えである、と仰せになる。考えてみれば、神様は身体《からだ》が健康でないようにしておられるのではなく、与えによって健康で元気に生きていけるのだ、ということに思い至る。

その与えを頂くだけの、日々の心のつとめ、暮らしぶりが大切なのである。それは、日々に身の自由があるということを心において、親神様のご守護あればこそ、おかげであるという心をもつことである。そこには「なんで」の言葉はない。そのうえからの「人をたすける心」をもって、日々を暮らしているかどうか、にある。

94 大き深き理聞き分け

いつまでもさんげして居《い》た分《ぶ》にはならん。大《おお》き深《ふか》き理《り》聞《き》き分《わ》け。越《こ》すに越《こ》されんという。どういう事《こと》間《ま》違《ちが》う。間《ま》違《ちが》いはあろまい。なれど身《み》に不《ふ》足《そく》あれば間《ま》違《ちが》いという。

（明治29年2月18日）

私たちが身上、あるいは事情になったとき、なぜそうしたことになったのか、その心のありようを思案することになる。つまり、理の思案である。

あれがいかんのかな、これかいな、などと、さんげとともに日々を振り返る。けれども、親神様は「どういう事間違う。間違いはあろまい。なれど身に不足あれば間違いという」といわれている。

おやさまのお心をわが心としてたんのう

何が間違っているのか、と考えても、もう一つ思いつかない。届かんながら一生懸命につとめてきた。けれども身上になっているのは、どこか間違いがあるのだと思って、いつまでも、ああでもない、こうでもない、などと考えてしまう。

さんげすることは大事であるが、そんなさんげ探しだけをしていてはならない。もっと大事なことは、その身上・事情を通して、より大きな深い理を聞き分けていくことである、との仰せである。

「大き深き理」とは何か。それは、おやさまのお心を思案することである。おやさまは人をたすけるうえから、どんな道もお通りくだされた。ただ人間可愛《かわい》い、たすけたいとのお心からであるのに、そのお心を一つも分かろうとせず、人は時にあざけり、ののしった。そのことを思って「十分の理見てたんのうを治め」といわれる。おやさまのお心をわが心とするとき、どんなこともたんのうができる。

たすけの道中には、越すに越せない日々もある。いくら足を、心を運んでも通じない現実。けれども「たすけ」という一点に心を治めて、たんのうしていくことが肝心。蒔《ま》いた種は、旬が来れば咲くのである。

⑮ 心に掛かる事ありては

日々《にち》〳〵飲《の》んだり喰《く》たりするだけでは結構《けっこう》やない。住《す》んで居《い》る所《ところ》もあれなら十分《ぶん》と言《い》う。成程《なるほど》それは十分《ぶん》なれど、不自由痛《ふじゆういた》み悩《なや》み、これ聞《き》き分《わ》け。心《こころ》に掛《か》かる事《こと》ありては、日々《にち》〳〵気《き》の休《やす》まる事《こと》は無《な》い。夜々《よる》〳〵眠《ねむ》りて居《い》る時《とき》だけの気休《きやす》めではどんならん。気休《きやす》めというは、心《こころ》に掛《か》かる事《こと》無《な》いのが気休《きやす》め。

（明治27年10月9日）

日々に暮らしていく中で、大事なことは、やはり食べることであり、住む所があるということである。それで十分である。けれども、いかほどに食べることができ、

安心という心をもってもらうのがおたすけ

住む所があっても、それでいいのか、といえば、必ずしも十分とはいえない。たとえば、病気に苦しんでいれば、何をおいても健康であることが一番望まれる。また、いろいろと気に掛かることがあれば、心が休まらずに、これまたつらいことになる。

こうしたことを「不自由痛み悩み、これ聞き分け。心に掛かる事ありては、日々気の休まる事は無い」と仰せになっている。それも、夜に眠っているときだけが気休めであってはどうもならんのであって、心に掛かることがないのが、ほんとうの意味での気休めになる。

心に掛かって夜も眠れないということになれば、これほどつらいことはない。だから、そういう人には、心に掛かることのないように、安心という心をもってもらうことが、おたすけなんだといわれる。それには、親神様のご守護を信じ、この世は親神様の世界であることを、しっかり心に治めて通ることである。

さあ、親神様を信じ、親神様に凭《もた》れて通らせていただこう。心に掛かることは親神様にお預けしよう。

⑯ 席をして順序運べば

席《せき》をして順序運《じゅんじょはこ》べば、さゝづけは渡《わた》そう。なれども落《おと》す日《ひ》もあるやろ。これ知《し》れんで。幼年《ようねん》なる者《もの》に理《り》が渡《わた》したる処《ところ》もある。日々《にち》〳〵諭《さと》し合《あ》い、尋《たず》ね合《あ》い。心《こころ》の理《り》、心《こころ》の席《せき》という。さあ心次第《こころしだい》でさゝづけという。

（明治22年11月25日）

「席」というのは別席のことで、「順序運べば」とは、定められた回数の席を運べば、ということである。そして、おさづけの理を頂戴《ちょうだい》するわけであるが、大事なことは、聞かせていただいた親神様の話を、ほんになるほどと心に治める、ということである。

別席でのお話を聞いて、どういう心を治めるかというと、それは「人をたすける

「人をたすける心」治め、おさづけを取り次ぐ

心」を治めるのである。その点について、お互いが日々に諭し合い、尋ね合うことが大切となる。

おさづけは、自分自身に取り次ぐことはできない。なんでもどうでも人さまにたすかってもらいたいという誠真実をもって、人さまに取り次ぐのである。病気で苦しんでいる人に取り次いでいくことによって、人さまがたすかり、ひいては、わが身のたすかりへと繋《つな》がっていくことになる。ただ、ここで誤解してはならないことは、自らのたすかりのために人をたすけるのではない、ということである。わが身を離れて、ひたすらに相手のたすかりを願い、おさづけの取り次ぎに励むのである。

医者の手余りだ、という病人であっても、おさづけの取り次ぎによって、心一つでたすけていただける。実にありがたいことである。

おさづけは生涯の結構な宝。国の宝、何ほどのものとも分からんくらい値打ちがある、と仰せになっている。せっかくの宝が持ち腐《ぐさ》れになることのないよう、少しでも人さまにたすかっていただけるよう、積極的に、楽しみの心をもって取り次がせていただこう。

㊼ 医者の手余りを救けるが台

薬《くすり》を以《もっ》て治《なお》してやろうと言《い》うやない。脈《みゃく》を取《と》りて救《たす》けるやない。医者《いしゃ》の手余《てあま》りを救《たす》けるが台《だい》と言《い》う。……医者《いしゃ》の手余《てあま》りと言《い》えば、捨《す》てもの同様《どうよう》である。それを救《たす》けるが教《おしえ》の台《だい》と言《い》う。

（明治26年10月17日）

当時、おたすけによって病気をたすけていただいた人が、全国各地で続出し、教えが爆発的に伸びた時代であった。そうしたところから、医薬妨害《ぼうがい》ではないか、との非難の嵐《あらし》が渦《うず》巻いたのであった。

明治政府は、風俗・俗信のたぐいを厳しく取り締まった。明治七年（一八七四年）には、祈禱《きとう》・禁厭《きんえん》をもって医薬を妨《さまた》げる者の取締令《とりしまりれい》が出されていたことから、医薬を用いず、おさづけの取り次ぎによっておたすけをすることに、当局が取り締まり

聞いて実行するところにたすかる

の目を光らせていたことへのお言葉である。

天理教でいう「たすけ」は、医者や薬をもってするものではない。親神様のお話によって心を入れ替え、たすけを実現していくのだと教えられている。

それを医薬妨害というならば、医者の手余り、つまり「捨てもの同様」といわれる人をたすければいいじゃないか。それが教えの台となる、と仰せられる。

台にはいろいろな意味があるが、ものごとを乗せているものという意である。それがなくなれば、乗っているものは宙ぶらりんになる。つまり、教えを説いていく場で、その話に根拠を与えるものと理解できる。医者が匙《さじ》を投げた病人を、親神様の話と、さづけの取り次ぎによってたすけさせていただくのである。

いわば、病気は、親神様の話を聞いて心のあり方を転換していく契機であることを知らねばならない。親神様の話は、医者が投与する薬にも等しい。おたすけ人が「話医者」といわれる所以《ゆえん》である。

いくら良い薬でも、飲まなくては効き目がない。親神様の話も、聞いて実行するところに効き目が現れる。たすかるのである。

⑱ 国の土産、国の宝

さゝゝづけ貰《もろ》うて戻《もど》りたら、これは国《くに》の土産《みやげ》、国《くに》の宝《たから》、何程《なにほど》やら分《わ》からん。この理《り》うっかり思《おも》うてはならん。

（明治31年12月30日）

お互いに、よふぼくとならせていただいているのであるが、日々どれほどに、おさづけの理の取り次ぎをさせていただいているのか、ということを振り返ってみるとき、私自身についていえば、まことに心恥ずかしいことである。尊いおさづけの理を頂戴《ちょうだい》しながら、それを十分に使わせていただいていないことに、よふぼくとしての務めが欠けているな、と反省せざるを得ない。

おさづけは「国の土産《みやげ》」「国の宝」とまで仰せになっている。土産とは、私たちがどこかへ旅行なり出かけたとき、お土産を買ってくる。それを家族の者に、ある

〝宝の持ち腐れ〟にせず取り次ぐ

いは近所の人たちにおすそわけをする。しかも、わが身に使うものではない。人さまのために使う。ならば、おぢばで頂戴したおさづけの理を、近所の人たちにおすそわけをして、初めて土産ということになる。あちらにいる病人、こちらの心悩んでいる人に、おさづけを取り次がせていただいて、たすかってもらうことである。

宝とは、おさづけによって、たすからんといわれた病人でもたすけていただくのであるから、それこそ貴重な珍しいものであることを意味する。であるのに、何ほどのもの、どれほどのものであるのか分かっていない、との仰せである。

宝の持ち腐《ぐさ》れになっているようなことでは、どうにもならない。「危ない道、どうしたらよかろう、越すに越されん道ありたて、案じにゃならんような道、神が連れて通りゃこそ通れる」とまでいわれるが、どんな道もおさづけを取り次ぐところ、神様が連れて通ってくださるのである。それには「神の道に疑いは無い」という精神をもって通らせていただくことが肝心である。

どうぞ皆さんも、おさづけを徹底して取り次がせていただこう。どんな宝なのか、楽しみである。

99 子供可愛から

一《ひと》つの理《り》抜《ぬ》くに抜《ぬ》かれん。又《また》一《ひと》つ事情無理《じじょうむり》にせいと言《い》えば、心《こころ》の事情大変《じじょうたいへん》と思《おも》うやろ。なれど、一《ひと》つ方法《ほうほう》というものは、天《てん》にある〳〵。子供可愛《こどもかわい》から、どのような事情《じじょう》も受《う》け取《と》ってやろう〳〵。

（明治29年5月20日）

このお言葉は、明治二十九年（一八九六年）四月、内務省訓令が発令され、天理教に対する厳しい弾圧の嵐《あらし》が吹いていたときのものである。

弾圧の理由の一つは、医薬妨害《ぼうがい》だというのである。当時、天理教の教えは、それこそ燎原《りょうげん》の火のごとくに全国へ広まっていった。日本の人口六千万人のうち、約一割の六百万人が信者だといわれたくらいである。それこそ、医者の手余りをたすけ

成るようにすればよいとの神様の親心

るという親神様のお言葉通り、どんな病人もたすかった。いわゆる奇跡といわれるような出来事が、あちこちで起こったからである。おおげさに言えば、医者にかかる人が激減したのである。また、医薬を用いずに病気を治すというようなことは、西洋文明を採《と》り入れて近代国家をつくろうとしていた政府の体面にかかわるものであったからである。

また、おつとめは男も女も出させていただくので、男女混淆《こんこう》、風紀紊乱《びんらん》という理由で取り締まりを受けた。三味線《しゃみせん》のような俗器を使ってはならん、などと、教義の根幹にかかわる点にまで干渉が及んだのであった。地方の教会においても、月次祭当日など、祭典中に警官が監視をしているという中で勤められた。

そうした状況で、どうすればよいかと親神様に伺われたのである。理は理として厳然たるものであるが、しかし、そのことを押し通したならば、おまえたちもたいへんであろう。神は子供可愛《かわい》い、また、その間の事情も分からないでもないから、成るようにすればよい、といわれたのである。なんと親心溢《あふ》れる言葉であろう。

いまこそ、御教《みおし》え通りにおつとめを勤めて、このお心に応《こた》えさせていただこう。

100 実を見て、こうのう渡す

さあ〳〵実《じつ》を見《み》て、こうのう渡《わた》す。理《り》を渡《わた》してある。目《め》に見《み》えん、年《とし》にも当《あた》らん、西《にし》にも東《ひがし》にも南《みなみ》にも分《わ》からん。こうのう第《だい》一、一《ひと》つの理《り》、道《みち》の道《みち》、世《せ》上《じょう》世《せ》界《かい》の道《みち》直《す》ぐ治《おさ》まる。千筋《すじ》万《まん》筋《すじ》何《なん》にも分《わ》からん。こうのう印《しるし》あれば、どんと一《ひと》つの道《みち》、さあ〳〵さづけや〳〵。さあ渡《わた》す。

（明治22年1月25日）

おさづけの理は、それぞれの、おやさまのお心を受けて人をたすけさせていただくという真実の心にお渡しくださる。それは人間の目に見えるものではないが、親神様のご守護、はたらきとして目の当たりにすることができる。また、年が経《た》ったからといってなくなるものでもない。しかも、西であろうが東であろうが、どのよ

人さまにたすかっていただくための尊い理

うな所にあっても、その理は変わらないのである。

お道が世界に広まっていったのは、このおさづけの取り次ぎによる不思議なはたらきに、人々が神様を見たからであろう。このことは、いまの時代も同じである。「こうのう印あれば、どんと一つの道、さあ〳〵さづけや〳〵」というお言葉は、なんと心強いことか。なんとも勇ませていただけるお言葉ではないか。

おさづけが効くとか効かないとか、そんなことを考える前に、ただただ、おやさまにおすがりして、この人にたすかっていただきたいという真実の心をもって、おさづけを取り次がせていただく。このことが大切である。

おさづけは、決してまじないではない。わが身には取り次ぐことのできない、どこまでも人さまにたすかっていただくための尊い理である。それは、いくら使わせていただいてもなくならない。使わせていただけばいただくほど、さらにこうのうの理が積めるのである。

さあ皆さん、勇んでおさづけの取り次ぎに励ませていただこう。おやさまが「ここまでおいで」と手招きして、待ってくださっている気がしませんか。

おさしづについて

おさしづを読んで感じることとは、親神様は私たち人間のをやなるお方だ、ということである。道を歩む者が心においておくべき、根本的な思案の仕方を明示されるとともに、時としてをやなればこその、人間の一切の思いを包み込むような懐《ふところ》の広さをもってお諭しくださる。そのように感じるのは、私一人ではあるまい。

おさしづは、大別すると、刻限お話と伺いさしづ（尋ね事情）とに分かれるが、とくに伺いさしづにおいて、そのことが強く感じられる。

おふでさきでは一貫して救済の計画——つとめをもって——が示され、それに、よふぼくがどうかかわって働いていくのか、ということが誌《しる》されている。それが神の話であることを、繰り返し繰り返しいわれる。おやさまに一切の人間的思案はないのだと、お話しになる。つまり、おふでさきのお言葉では、どこまでも親神様の思いが厳然と説かれている。

もちろん、おさしづも、その点は同じである。ただ、その中にも、おふでさきでは、あらゆる人間的な思案を排し、どこまでも神の思いが貫かれるのに比して、おさしづでは、人間的な事情を加味してくだされている、ということである。

さあ／＼今の話は皆今までの言い残りやで。今まではこの結構なる道を、まこと結構と思うて聞く者が無い。今までというは聞いたる者もあり、その場限りの者もあり、聞かぬ者もあり、そこで日が延びたのやで。（明治20・3・19）

といわれる。ここで述べられている「今の話」とは、おさしづのお言葉を指すが、「皆今までの言い残りやで」と仰せになるのは、おふでさきで言い残したことの意であろう。何を言い残されたのであろうか。おそらくそれは、いま問題にしている事柄ではないだろうか。すなわち、個別的な人間的事情に対する処し方である。

人は親神様の話であると分かっていても、ついつい、わが身の都合から、その話を聞いてしまう。そのわが身の都合ということが、実は人間的事情ともいうべき事柄である。神様はこうだとおっしゃるけれどなあ、そんなことを言われてもなあ、という思案の仕方である。それを「聞いたる者」「その場限りの者」「聞かぬ者」があるといわれる。おやさまは現身《うつしみ》をかくされるものの、本席の口を通して、そうした者たちに、おふでさきで誌したことを、さらに念押ししてお話しくださるとともに、現実の場面で悩む者たちに諭される。「そこで日が延びたのや」といわれるのである。それが刻限のお話であり、伺いのさしづと考えてよいだろう。

したがって、おさしづの解釈では、おふでさきで説かれていることを根底におきつつ理解していくことが、きわめて大切になってくる。いうならば、おさしづには、おふでさきの精神が通奏低音《つうそう》のごとくに流れているということである。おふでさきに学びつつ、おさしづで明かされた神意をたずねていくことである。それを疎《おろそ》かにすると、おさしづの字句にとらわれて、とんでもない解釈が出てこないとも限らない。

現に、異端的教説の根拠を、そうした字句に求めている者たちがいる。とくに、明治二十五年（一八九二年）ごろまでのおさしづは、書記の体制が十分でなかったためであろうか、意味の通りにくい個所がある。言葉が抜けたりしていて、意味が逆にとれるものがある。「かんろだい一つ人間定めてある」（明治21・6・23）というお言葉などは、その最たるものであろう。このお言葉を曲解して、人間にかんろだいの理をもった者が定められている、という異説を主張するのである。これなどは、「にんけんをはじめかけたるしよこふに　かんろふたいをすゑてをくぞや」（十七号9）という、おふでさきのお歌を理解しておれば、そうした主張は出てくるものでない。それだけに、その点をとくに留意することが必要である。

　おふでさきが、どこまでも神一条に一貫する根源的理とすれば、おさしづは、それに則《のっと》りながらも、人間的事情を含んで、人間の気持ちに配慮しながら指図くだされた、ということができるだろう。

　明治二十九年四月に内務省訓令が発布され、神名、教義、祭儀等の変更に及ぶ要求に、初代真柱様をはじめ先人が苦慮されることになる。そのときの一連のおさしづで、

尋ねる処《ところ》は皆こうしたらよかろうという処、それはいかんとは言わん。落ちて了《しも》てからどうもならん。 (明治29・4・21)

一つの理抜くに抜かれん。又《また》一つ事情無理にせいと言えば、心の事情大変と思うやろ。なれど、一つ方法というものは、天にある〳〵。子供可愛《かわい》から、どのような事情も受け取ってやろう〳〵。 (明治29・5・20)

どうせにゃならんと言うた処が、人々《にん〳〵》の心の合わん事した分にはどうもならん。理は子供可愛々々の理から、皆許したるのや、許したるのや。 (明治29・5・20)

道の上からの事情に治めてやってくれ。……それは、その心に一つ委《まか》せ置こう〳〵〳〵。 (明治29・5・20)

暗い所は暗いだけの理に許してやる。自由《じうよう》の理に許してやる。これだけ話したら皆分かるやろう。……心の散乱思うから、これまでの処皆見許したる。並んで居《い》る顔、実々兄弟治めるなら、明るい道は今にある程に〳〵。皆《み》んな一つの心の理を以《もっ》て、一つの物も分けてやるという心を定めるなら、成程《なるほど》という日はある程に〳〵。……一つのふし〳〵、ならん処はあちらへ廻《まわ》りこちらへ廻り、心さえ繋《つな》ぎ合えば、実々一つの理はある程に〳〵。又先々の処、繋ぎ合《お》うて通れば、天の理がある程に〳〵。

（明治29・5・20）

といわれる。子供可愛《かわい》いという、まことにをやなればこそのお心から、苦難の事態における心のおきどころを指示くだされているのである。

「一つの理は抜くに抜かれん」と仰せになるように、親神様の理というものは、いささかも変更することは許されないし、またできるものではない。けれども、それでは皆の心が乱れることにもなりかねない。だから見許しているのである。そこで、大事なことは、理をしっかり持っていくことは言うまでもないが、お互いが兄弟姉妹として、心を繋ぎ合うことである。すれば「あちらへ廻りこちらへ廻り」と、親神様が、ならん中であっても守護していくのであると。

いま、世の中はをやなる存在を知ることなく、あまりにも身勝手な振る舞いが横行し、心の病、事情だらけである。圧倒的な情報と技術の前に、人々はそれに翻弄《ほんろう》され、それぞれが分断、孤立化を深めている。これからどうなるのだろうかと、先行き不透明感がますます強まってきている。道の教えを伝えるには困難が立ち塞《ふさ》がるが、ならばこそ勇んで、ぢば一つの理に、真柱様のお心一つに、お互いが心を繋いでいくことが道を歩む者のあり方であると、おさしづのお言葉から学ぶことができる。

なお、以下に、引用したおさしづを年代順に、割書《わりがき》を付して挙げておいた。機会があれば、できるだけ、それらのおさしづの全文を読んでいただければ、と思う。より一層おさしづに親しみが湧《わ》き、理解が深まることを願ってのことである。

おさしづ割書一覧

（上の数字は本文のページ数）

222 明治二十年三月十九日（陰暦二月二十五日）
午前五時
刻限御話

187 明治二十年四月三日（補遺）
櫟の本にて大国屋へ清水梅谷両人おたすけの願

70 明治二十一年五月二十一日　午後四時
増野正兵衛身上播州より帰りての願

58 明治二十一年六月六日

190　明治二十二年七月二十六日（陰暦六月二十九日）午後九時
本席身上御障りに付願
山本利三郎押して願

194　明治二十二年七月二十九日
松村吉太郎祖母たみ病気に付、神の道を運びて宜しきや、何分老体の事に付、伝えて却って御意に叶わずと思いしが、この儀如何にや伺

48　明治二十二年七月三十一日（陰暦七月四日）午前六時十七分
本席身上御障りに付願

64　明治二十二年九月十六日（陰暦八月二十二日）夜十時二十分
本席身上御障りに付願

200　明治二十二年十月十日（陰暦九月十六日）
刻限御話

210　明治二十二年十一月二十五日
前川菊太郎、梶本松治郎、永尾楢次郎、三名別席の願
（他へ派出しておさづけ無くば不自由に付、席順序を運んで宜しきや、刻限にて御渡し下さるや、取次より願）
同時、内々女の方前同様の願（本部内の女の方々を言う）

68　明治二十三年二月六日　午前五時
本席身上俄に腹突張り御障りに付願

46　明治二十四年五月十五日　午後十一時二十五分
刻限

36　明治二十四年六月十五日
前川菊太郎出張の上、芦津分教会設置の儀地方庁へ出願に付願

72　明治二十四年七月二十四日　午後二時
昨夜のおさしづに基づきさんげの処、本部員一同の願

106　明治二十四年九月三十日
清水与之助左の腕どうか致しますと痛み又上

へ上げますと痛みますに付願
押して、たゞ今御聞かせ下されしは増野正兵衛妻身上速やかに無之この事を伝えとの御聞かせや、又外事にてありますや願

134 明治二十四年十一月一日（陰暦九月三十日）
本席俄かに御身上より御話
（前おさしづにより、梶本松治郎身上不足に付、不行届ながらだん／＼御話も伝え、少々は宜しきようなれども、たしかなる事見えぬと本席に御話を致し居る処、俄かに本席御身上胸に迫り、御言葉も出ぬようになり、よってその事申し上げ本席御身上を願う。間二十分間経て御話あり）

112 明治二十四年十一月十五日　夜一時
本席御身上より願

38 明治二十四年十二月二十五日
高安分教会部内講社講名を光道講と致すようの願

118 明治二十五年一月十三日　午後五時半
前夜おさしづに基づき本席一条の件願

110 明治二十五年一月十八日
村田幸助妻すま身上障りに付御願

150 明治二十五年四月二十五日
永尾きぬゑ腹痛烈しく頻りに泣き、乳上げるより願

44 明治二十五年五月一日
増野正兵衛腰の痛みに付願

160 明治二十五年五月十四日　夜七時四十分
本席歯のお障りに付御伺

186 明治二十五年五月二十八日
播州地方村方より信徒へ改式を止め、村方の付き合いと言うて信仰を止めるに付願

188 明治二十五年六月四日　夜
刻限御話

182 明治二十五年七月四日　夜十二時
刻限

30 明治二十五年七月二十七日
前おさしづより一同決議の上左の項を分かちて願

63 明治二十六年十二月三日（陰暦十月二十六日）
午後十時
本席お引き移りの席にて御話あり

62 明治二十六年十二月四日（陰暦十月二十七日）
午後
永尾よしゑ、まさゑ、本席引き移りの時お伴出来ぬに付腹立たれ、桝井伊三郎、増野正兵衛の二名取り扱われ事情に付、本席古家へ御帰りに相成る事情願

42・54 明治二十六年十二月十六日　夜十二時
刻限

16 明治二十七年一月十七日
辻とめぎく身上願

170 明治二十七年三月五日　夜十二時
増野道興二三日前よりだん／＼目が塞がり願

114 明治二十七年三月十八日　午後四時半
昨夜おさしづ下されしは信徒治め方の事で御座りますか、まさゑ縁談一条の方で御座りますか伺

166 明治二十七年六月十三日
増野いと腹張るに付願
押して願

100 明治二十七年七月十二日
撫養部内名西出張所へ地方人民より雨乞い出願に付心得まで願
右事情に付諸方より願い出しの時、本部にて取り扱い上心得のため願

174 明治二十七年七月三十日
朝鮮事件に付明日より三日間軍人健康祈禱執行願

208 明治二十七年十月九日（陰暦九月十一日）夜
本席御身上願（但し飯降まさゑ縁談事情）
押して願

130 明治二十七年十二月一日　夜十二時
刻限

206 明治二十九年二月十八日
梅谷たか身上願

116
明治二十九年三月二十六日　夜
本部員一同より御詫び願
押して、本席明日より御運び下されますや願

225
明治二十九年四月二十一日
内務省訓令発布相成りしに付、心得まで伺
会議の決を願（会議の点九点）

216・225・226
明治二十九年五月二十日
五月十八日会議案の点に付願
第一、朝夕の御勤今日より「あしきはらい」二十一遍を止め、「ちよとはなし」一条と「かんろだい」の勤三三九遍とに改めさして頂き度く願
第二、月次祭には御面を据えて、男ばかりで「ちよとはなし云々」、「かんろだい」二十一遍とを勤めさして頂き度く、次に十二下りを勤めさして頂き度く、鳴物は男ばかりにて、女の分は改器なるまで当分見合わせ度く願
第三、守札これまで出しましたが、この度政府より喧しき故、鏡に致して宜しきや、御幣に致して宜しきや願
押して、神鏡にさして頂き度く願
第四、天理王命の御名、天理大神と称する事願

124
明治二十九年十月十日　夜十二時三十分
刻限

147
明治三十年三月十二日
増井りん六十日程前より歯痛の処少々治まり、本日午前十時頃より腰の障りになりしに付願

146
明治三十年三月十七日
増井りん身上願

140
明治三十年三月二十九日
永尾楢次郎静岡県下へ出向きし先にて、身上障りありしに付、帰部の上心得のため願

82
明治三十年四月四日　夜
増野正兵衛身上願（続いて刻限）
刻限

158
明治三十年十月五日（補遺）

しきや

56 明治三十二年八月十一日
増井りん五十七才身上願

88 明治三十二年八月二十一日
櫟本梶本宗太郎家族共本部へ引き越しに付、後の処浅田徳二郎へ委して引き越さして貰う願

前御願い致しました通り二階の南へ引き越しさして貰います願（小二階の方へ）

24 明治三十二年十月一日
永尾楢次郎八時頃より腹痛に付願

92 明治三十三年三月三十日
教校資本金を募集御許し願

三十三年四月一日天理教校開校式執行に付御許し願

84 明治三十三年五月三十一日
松村ノブの五月三日のおさしづに、天然という御言葉を下された処に、如何の処の事でありますや、押して願（尚小人義孝夜分非常に咳きますから併せて願）

40 明治三十三年七月十四日
増野正兵衛身上なり、又小人おとも身上願

108 明治三十三年十月六日
喜多治郎吉四十九才胸迫るに付願

86 明治三十三年十月三十一日　午前二時
刻限御話

しばらくして

104 明治三十四年五月二十五日
昨日より本席御身上大変のぼせると仰せあり、御障り中本日朝増井りん教祖赤衣仕立て下されし事に付申し上げ下され、それよりだん／＼御話ありて本部員残らず寄せと仰せあるにより、一同打ち揃い御話（御敷布団しかず御坐りでおさしづ）

相談致しまして申し上げますと

78 明治三十四年六月二十五日
奈良支教会森川宇次郎妻ますゑ身上願

26 明治三十四年七月十五日

兵神分教会長富田伝次郎長男米太郎三十四才
黄疸身上願

押して、内々の心定め申し上げ財産皆尽して心十分定めてありますが

96 明治三十四年十一月二十一日

一昨朝教校工事場出火致し、御詫びのため掛員始め本部員一同願

18 明治三十五年七月十三日

御供の件に付昨日東京へ出張の松村吉太郎より申し越されしに、内務省の局長の御話には金米糖は絶対に廃止せよとの御話である。若し出来ざる時は製造の方法に対し、腐敗せざるよう出来ざるものか、と言うに付、心得までに願

全国に十教区を置く事の願

184 明治三十五年八月十日

十教区取締員の事情に就ては先々へ出張の御許し願

74 明治三十七年二月六日

本部にてこれまで寄付者に御与えして居りました瀬戸物の盃を塗物の盃にさして頂き度く願

押して、大きな所は銀盃にさして貰いましたら如何に御座りますや願

102 明治三十七年四月三日

御供の事に付おさしづの上より一統協議致し、種々教長へ申し上げ、教長のお話し下されし上より、洗米に改めさして頂き度き事に付、一統決議の上御願

洗米御供幾粒ずつにして包めば宜しきや願

132 明治三十七年十二月十四日

過日のおさしづにより、一同協議の上第一部下を養成するに対し、以前教会に関係ある本部員整理のためその教会に赴き、関係の無き教会は教長の命により、神様の御許し頂戴の上それぞれ教会に養成するため出張する願

先刻のおさしづ一人の心から万人救かるという処は、先々担任教師の事を仰せ下されたるものかと

申し上げる

76
明治三十九年五月一日
上田ナライト身上に付先般おさしづ頂き、その中に『今日は気分悪いと言う、今日一日代わろうという日を待ち兼ねて居る。日々に運び足らんから、尋ねにゃならん日になりたる』という御言葉御座りますが、如何の事でありますか願

98
明治三十九年五月二十日　夜九時頃
前おさしづを本部員集会の上協議三日なし、上田ナライトの住居飯降裏手に些少なる建物新築を教長へ御願をなし、当分新築せざる事を内務主務局長へ書面を出したるにより建築は出来ぬ、色々協議をなし、中南元に教祖初め本席の御住居遊ばされし所へ教長の承諾下され、その旨本席へ申し上げし処、神様御出まし御話あり
押して、中南方で御許し願

176
明治三十九年十二月六日
本部旧正月節会の事に付一同会議の上、以前通り五日は村内六日七日八日の三日間は信徒だけにして、凡そ三分は鏡餅として御供え、七分は堅物にして分支教会より御供え、それを以て世界たすけの事にさして頂き度く願
引き続いて

122
明治四十年四月七日（陰暦二月二十五日）午前二時半
本部の会計と学校の会計と一つにと申し上げ

あとがき

本書は、一広分教会報『いちひろ』第十三号（平成七年一月号）からの巻頭に、十余年にわたって、毎月執筆していた「お言葉抄《しょう》」が骨格となっている。それを集成し、若干の加筆と訂正をほどこして、編集したものである。

こうして一冊の本として出版されたことは、私にとって望外の喜びである。もとより、将来的に一冊にまとめて、という思いは一つもなかったが、教会設立二十周年を迎えるにあたり、その記念品として「お言葉抄」をまとめればどうか、というような思いが湧《わ》いてきた。結局、そのときは、一冊の本にするには少し分量も足らず、見送ったのであるが、いずれ、という思いだけが残っていた。それが道友社のご厚意で、日の目を見たことは、ただありがたい気持ちでいっぱいである。

思い起こせば、平成六年（一九九四年）三月、初代会長出直しのあとを受け、二代会長の理のお許しを頂戴《ちょうだい》した。当時、私は天理教校第二専修科に勤務していたこともあり、まだしばらく勤めるように、という温かいお声から、引き続き勤務させていただくこととなった。会長でありながら、教会用務のほとんどは家内にまかせてのことである。その点、お声を頂いたからといっても、教会の信者さん方に対する申し訳なさがなくなったわけではない。

教会は、おぢばから西南西約十四キロほどの奈良県広陵《こうりょう》町にある。車で三十分もあれば、という所である。ただ、学校は全寮制であり、信者さん方とゆっくり話をする機会を、そう多くもつことは難しかった。そこで、教会報をつくり、心の交流をはからせてもらえばと思い、その巻頭に、おさしづからお言葉を抜き出し、それに若干の説明を加えた。会長として自らに課した最低限の勤めと思って、毎月欠かすことなく書き記した。

その内容は、会長から信者さん方へのメッセージとして、その体裁《ていさい》は、おさしづのお言葉をお借りして、ということになる。

よく尋ねられるのは、どのようにして、どんな基準で、お言葉を選んでいるのか、ということである。正直にいえば、特別な基準というものはなく、『おさしづ』七巻のうち一冊を手に取って、いうならばパッと開いて、そのページから読み始める。そして、今月の言葉というべきお言葉に出合うまで読む。だから、場合によっては、ずっとそのまま一時間くらい読み続ける。それでもお言葉に出合わなければ、巻をかえて同じことを繰り返す。

そうすると、あるお言葉が飛び込んでくるとともに、同時に信者さんへのメッセージも浮かんでくる。こういうように書いていくと、何か誤解を招きそうであるが、私が思っていること、考えていることが、お言葉に触発されて、少しまとまる、というように考えていただければいいと思う。

あるときは信者さんの顔を思い浮かべながら、あるいは、こんなことを感じておられるのではないかと、独り勝手に推測しながら、また教会のその時その時の様子、お道全体、社会の動きの中から、心に響いたお言葉を取り出して解説したのである。

まことに大胆というか、おさしづ解釈ということからすれば、オーソドックスでないかもしれない。いわば、お言葉を自らに引き寄せて理解するということにもなりかねないが、果たしてどうであろうか。もちろん、お言葉を引用するに当たっては、その背景となっている事柄を下敷きにしながら、そのお言葉の文脈をはずすことのないように心がけた。なかには、背景とは別に、言葉だけを解釈したものもあるが、それが恣意《しい》的な解釈に陥《おちい》らないように、注意を払ってはいる。

その意味では、おさしづのお言葉の逐語《ちくご》解釈を試みたものではない。お言葉が指示している全体的な意味世界から、いろいろ述べたということになる。いうならば、お言葉に寄せて、自らの信仰を語ったということになるかもしれない。そんな解説しかできないのか、という叱責《しっせき》の声も聞こえてきそうだが、それは私の信仰の未熟さを示すものとして、お許しを願わなければならない。

こうして一冊の本としてまとめられ、あらためて読み直してみて、今となっては、なんでこのお言葉を引いたのかな、と思えるものもあり、また同じような趣旨を繰り返しているなあ、と思わないでもない。また月報という性格上、毎月書いているとはいえ、その内容に連続性が認められるものではない。月毎《ごと》に一つのものである。全体としては、暮らしにおける、お道の人としての心のおきどころ、思案の仕方などを一貫して述べているかなと思う。

「今日は晴天、今日は雨」という書名は、編集部からの強い勧めもあり、おさしづのお言葉から頂いた。道を通る中にはどんな日もある。その中を、どこまでも勇み心で、神意を求めて通ることができるようにという願いを込めて、である。

道を歩む皆さま方が、本書から何かを感じていただけたなら幸いである。さらに、何らかの心の養いとなることがあれば、それにまさる喜びはない。

なお、本書出版にあたって、道友社編集出版課の佐伯元治《さいきもとはる》氏のお骨折りを頂いた。百二十余りのお言葉から百を選別し、さらに項目別に整理するという作業をしてくださった。氏のお力添えがなければ、こうしてまとまることはなかったであろう。装丁は森本誠《もりもとまこと》氏が担当してくださった。美しい本に仕上がった。心から感謝とお礼を申し上げる次第である。

立教一六八年四月　おやさまご誕生祭の前に

安井幹夫

安井幹夫（やすい・みきお）

昭和20年(1945年)、京都市生まれ。同42年、天理大学文学部宗教学科卒業。同44年、天理教校本科卒業、天理教校専修科講師。同52年、天理教校第二専修科寮長。平成８年、天理教校第二専修科主任(同10年退任)。

現在、天理教一広分教会長。天理教校本科講師。天理大学非常勤講師。

共著に、『他宗教概説』(天理教青年会)、『しきのり物語１』(天理教城法大教会)、『道のさきがけ』(天理教道友社)など。

論文に、「一れつ兄弟と互いたすけ」(『天理教学研究』第20号)、「『人をたすける心』考(１)(２)」(『天理教学研究』第34号、第35号)、「小栗純子『日本の近代社会と天理教』批判」(『天理教校論叢』第13号)、「救済の構造——秀司先生の足の悩みをめぐって」(『天理教校論叢』第23号)、「明治期におけるみかぐらうた解釈本」(『天研』第６号)ほか多数。


今日《きょう》は晴天《せいてん》、今日《きょう》は雨《あめ》　おさしづ百《ひゃく》の教話集《きょうわしゅう》

立教168年(2005年)　６月１日　初版第１刷発行
立教171年(2008年)　４月26日　初版第２刷発行

著　者　安井幹夫

発行所　天理教道友社
〒632-8686　奈良県天理市三島町271
電話　0743(62)5388
振替　00900-7-10367

TENRIKYO DOYUSHA

印刷所　株式会社　天理時報社
〒632-0083　奈良県天理市稲葉町80

ISBN978-4-8073-0499-8
定価はカバーに表示